普通高等教育土建类"十二五"规划教材

道路工程制图习题集

（第二版）

主　编　关莉莉　赵　婷

主　审　王娟玲

内 容 提 要

本习题集选题内容和拟题方式均以图样识读为重点，从基本体、简单体、组合体到专业形体，通过立体图的选择、立体草图的勾绘等多种形式逐步培养学生识读图样的能力。本习题集与《普通高等教育土建类"十二五"规划教材 道路工程制图（第二版）》（主编 王娟玲 张圣敏 侯卫周）配套使用。

本习题集既可作为高职高专道路桥梁专业《道路工程制图（第二版）》的配套教材，也可作为成人教育、自学考试的参考教材。

图书在版编目（CIP）数据

道路工程制图习题集 / 关莉莉, 赵婷主编. -- 2版. -- 北京：中国水利水电出版社, 2014.2(2024.9重印).
普通高等教育土建类"十二五"规划教材
ISBN 978-7-5170-1758-5

Ⅰ.①道… Ⅱ.①关… ②赵… Ⅲ.①道路工程-工程制图-高等职业教育-习题集 Ⅳ.①U412.5-44

中国版本图书馆CIP数据核字(2014)第035937号

书　名	普通高等教育土建类"十二五"规划教材 **道路工程制图习题集（第二版）**
作　者	主编 关莉莉 赵 婷　主审 王娟玲
出版发行	中国水利水电出版社 （北京市海淀区玉渊潭南路1号D座　100038） 网址：www.waterpub.com.cn E-mail：sales@mwr.gov.cn 电话：(010) 68545888（营销中心）
经　售	北京科水图书销售有限公司 电话：(010) 68545874、63202643 全国各地新华书店和相关出版物销售网点
排　版	中国水利水电出版社微机排版中心
印　刷	清淞永业（天津）印刷有限公司
规　格	370mm×260mm　横8开　12印张　110千字
版　次	2008年9月第1版　2008年9月第1次印刷 2014年2月第2版　2024年9月第4次印刷
印　数	7001—8000册
定　价	**38.00元**

凡购买我社图书，如有缺页、倒页、脱页的，本社营销中心负责调换

版权所有·侵权必究

第 二 版 前 言

本习题集与《普通高等教育土建类"十二五"规划教材 道路工程制图（第二版）》（主编 王娟玲 张圣敏 侯卫周）配套使用，其编写内容、章节顺序与教材保持一致，并严格执行国家和行业制图标准。本习题集选题内容和拟题方式均以图样识读为重点，从基本体、简单体、组合体到专业形体，通过立体图的选择、立体草图的勾绘等多种形式逐步培养学生识读图样的能力。

本习题集由关莉莉、赵婷任主编，王娟玲任主审。第一章、第二章由黄河水利职业技术学院赵婷编写；第三章、第八章由河南大学侯卫周编写；第四章、第五章由黄河水利职业技术学院关莉莉编写；第六章、第十二章由黄河水利职业技术学院张圣敏编写；第七章、第九章由黄河水利职业技术学院王娟玲编写；第十章由黄河水利职业技术学院施小明编写；第十一章由黄河水利职业技术学院刘冉冉编写。

本习题集既可作为高职高专道路桥梁专业《道路工程制图（第二版）》的配套教材，也可作为成人教育、自学考试的参考教材。

本习题集在编制过程中，得到了黄河水利职业技术学院制图教研室曾令宜等老师的建议和指导，在此表示衷心感谢。

书中的疏漏和不妥之处，恳请读者批评指正。

编 者

2013 年 8 月

第 一 版 前 言

本习题集与王娟玲主编的《高职高专土建类精品规划教材 道路工程制图》配套使用。其编写内容、章节顺序与教材保持一致，并严格执行国家和行业制图标准。本习题集选题内容和拟题方式均以图样识读为重点，从基本体、简单体、组合体到专业形体，通过立体图的选择、立体草图的勾绘等多种形式逐步培养学生识读图样的能力。

本习题集由张圣敏任主编，侯卫周等任副主编。第七章、第九章由黄河水利职业技术学院王娟玲编写，第一章、第三章由黄河水利职业技术学院赵婷编写，第二章由黄河水利职业技术学院邢广彦编写，第四章由黄河水利职业技术学院李颖编写，第五章、第八章由河南大学侯卫周编写，第六章、第十二章由黄河水利职业技术学院张圣敏编写，第十章由杨陵职业技术学院史康立编写，第十一章由安徽水利水电职业技术学院汪晓霞编写。

本习题集既可作为高职高专道路桥梁专业《道路工程制图》的配套教材，也可作为成人教育、自学考试的参考教材。

本习题集在编制过程中，得到黄河水利职业技术学院制图教研室曾令宜等老师的建议和指导，在此表示衷心感谢。

书中的疏漏和不妥之处，恳请读者批评指正。

编 者

2008 年 6 月

目 录

第二版前言

第一版前言

第一章 制图的基本知识 ························· 1
   1-1 图线练习 ································· 1
   1-2 数字、字母、汉字练习 ··············· 2
   1-3 尺寸标注 ································· 3
   1-4 几何作图 ································· 4
   1-5 抄绘图形 ································· 5

第二章 投影与三视图 ························· 6
   2-1 根据轴测图，按 1∶1 画出物体指定方向的正投影图 ············ 6
   2-2 根据轴测图完成物体的三视图 ········ 7
   2-3 根据已知条件完成平面体的三视图 ··· 8
   2-4 根据已知条件完成曲面体的三视图 ··· 9
   2-5 根据已知条件完成简单体的三视图 ··· 10
   2-6 根据三视图刻模型 ······················ 11
   2-7 根据物体的两面视图补出第三视图 ··· 12
   2-8 补漏线，完成三视图 ··················· 13

第三章 轴测图 ··································· 14
   3-1 根据形体的两面视图在指定位置画其正等测图 ············ 14
   3-2 根据形体的两面视图在指定位置画其斜二测图 ············ 15

第四章 点、直线、平面的投影 ············ 16
   4-1 点、直线的投影 ························· 16
   4-2 平面的投影 ······························· 17

第五章 组合体 ·································· 18
   5-1 交线分析 ································· 18
   5-2 体表面取点 ······························· 19
   5-3 切割体（一）··························· 20
   5-4 切割体（二）··························· 21
   5-5 叠加体 ···································· 22
   5-6 综合体（一）··························· 23

   5-7 综合体（二）··························· 24

第六章 剖面图、断面图 ····················· 25
   6-1 单一全剖面图 ··························· 25
   6-2 半剖面图与局部剖面图 ··············· 26
   6-3 阶梯剖面图与旋转剖面图 ············ 27
   6-4 断面图 ···································· 28

第七章 建筑物中的常见曲面 ··············· 29
   7-1 常见曲面 ································· 29

第八章 标高投影 ······························ 30
   8-1 点、直线、平面的标高投影 ········· 30
   8-2 平地面上建筑物的标高投影 ········· 31
   8-3 地形面上建筑物的标高投影 ········· 32
   8-4 地形断面图 ······························· 33

第九章 道路工程图 ··························· 34
   9-1 路线平面图 ······························· 34
   9-2 路线纵断面图 ··························· 35
   9-3 路线纵断面图 ··························· 36

第十章 桥梁、隧道工程图 ·················· 37
   10-1 钢筋混凝土结构图 ···················· 37
   10-2 桥梁工程图（一）···················· 38
   10-3 桥梁工程图（二）···················· 39

第十一章 涵洞工程图 ······················· 40
   11-1 仔细阅读下列涵洞工程图，按要求完成作图 ············ 40
   11-2 仔细阅读11-1涵洞工程图，按要求完成作图 ············ 41
   11-3 仔细阅读下列涵洞工程图，按要求完成作图 ············ 42
   11-4 附页 ······································ 43

第十二章 房屋建筑图 ······················· 44
   12-1 读建筑施工图，按要求完成下列各题 ············ 44

参考文献 ·· 45

第一章 制图的基本知识

| 1-1 图线练习 | 班级 | 姓名 | 学号 |

1. 根据各线型示例，在指定位置照上边线型绘制水平图线。

2. 根据各线型示例，在指定位置照上边线型绘制圆线。

3. 在下面的长方形线框中分别画上：钢筋混凝土、夯实土、天然土壤、浆砌块石、回填土、黏土的剖面符号（一次画成，不需要画底稿）。

图线练习

1-2 数字、字母、汉字练习

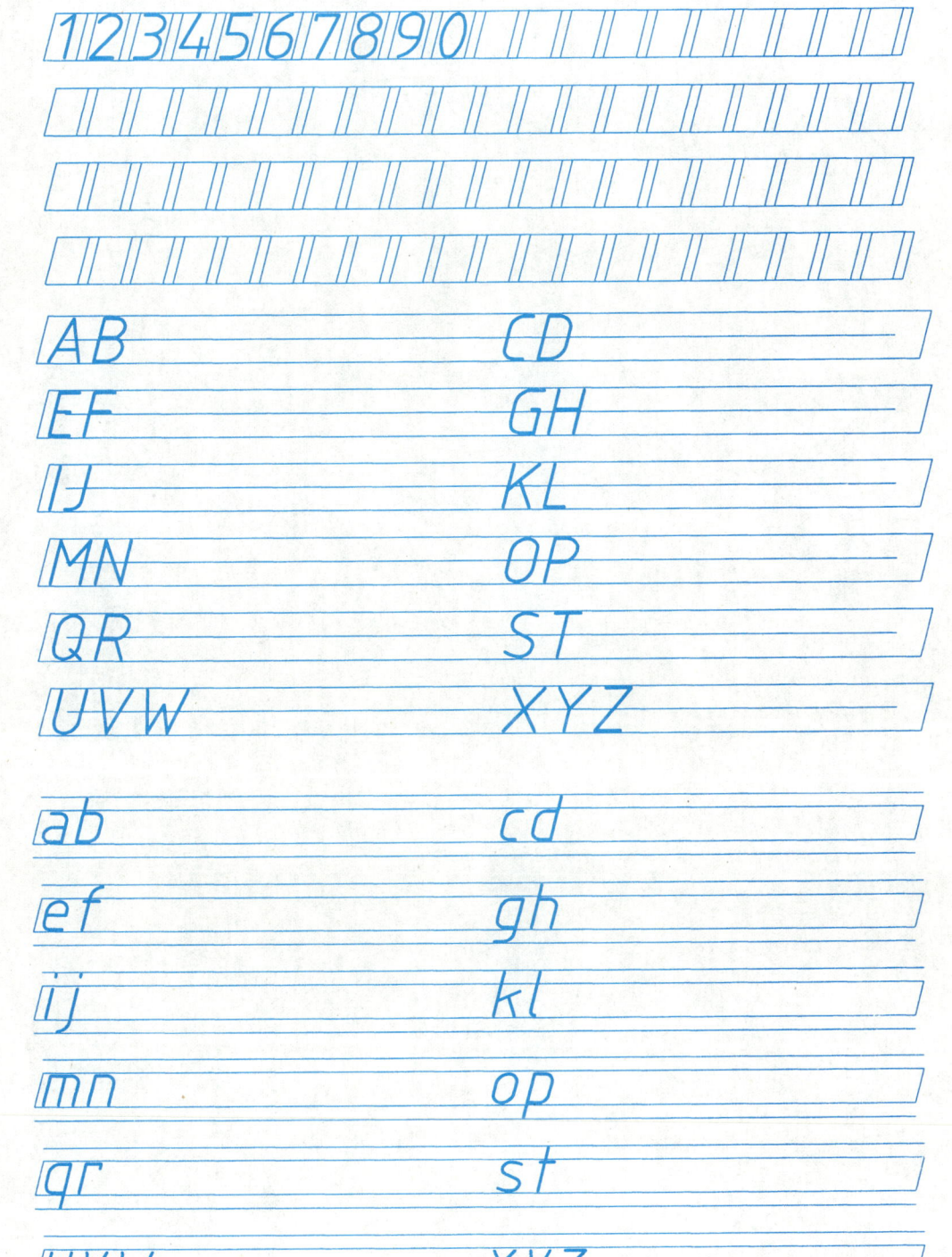

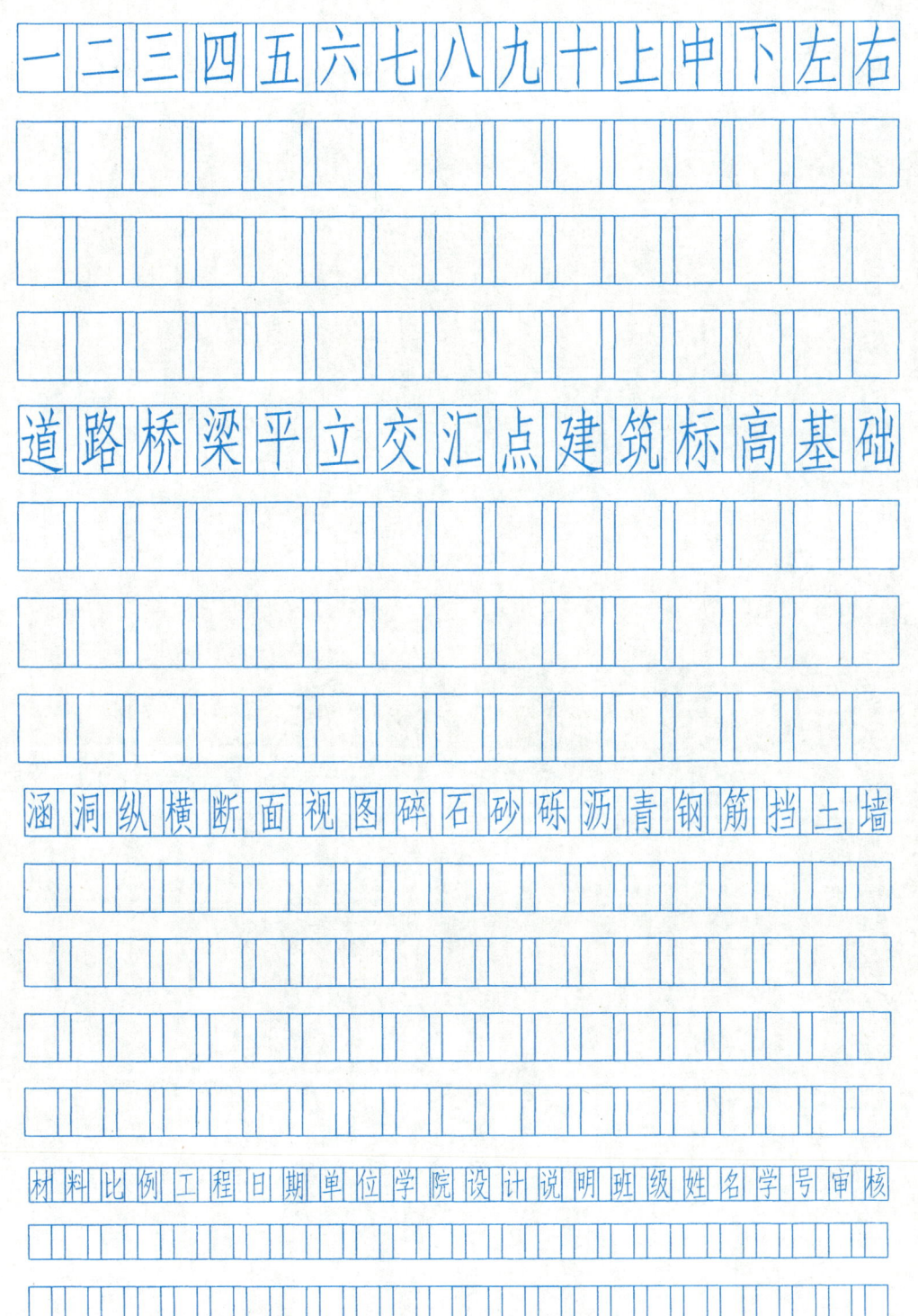

1-3 尺寸标注（所需尺寸直接在图中量取，取整，单位：mm） 班级　　姓名　　学号

1. 标注尺寸数字(比例1:1)。

 (1) 角度尺寸。

 (2) 线性尺寸。

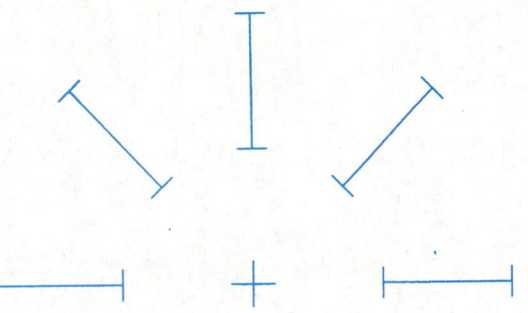

2. 标注直径和半径尺寸(比例1:5)。

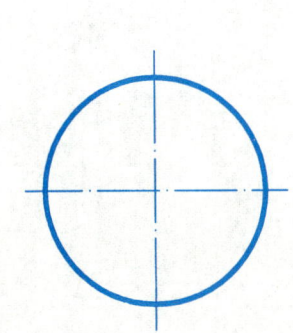 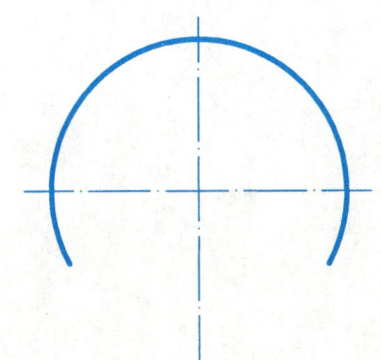 

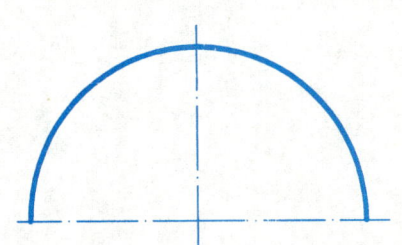 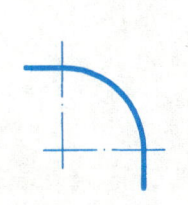 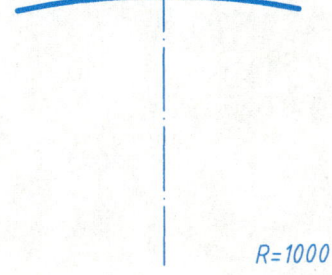

R=1000

3. 在给出的尺寸标注位置，标注线性连续尺寸(比例1:2)。

4. 找出图中尺寸标注的错误并改正。

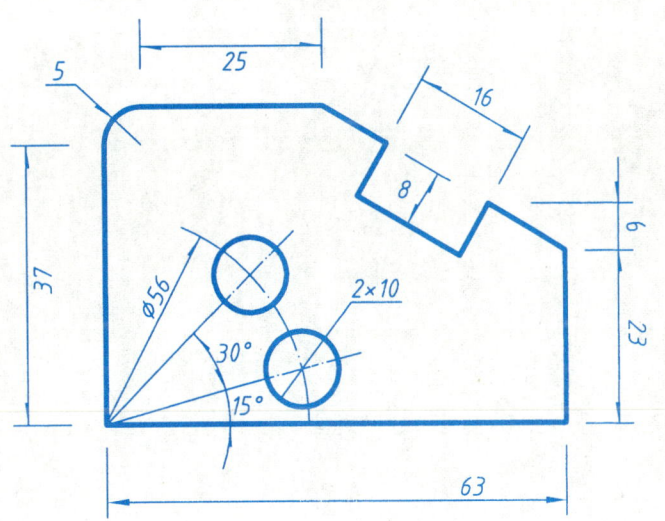

5. 按要求绘图。

 (1) 画出1:1.5、1:3的边坡。

 (2) 用箭头标出北方向。

1-4 几何作图（最后完成的图形用粗实线加深） 班级　　姓名　　学号

1. 作出图示圆内接五角星。

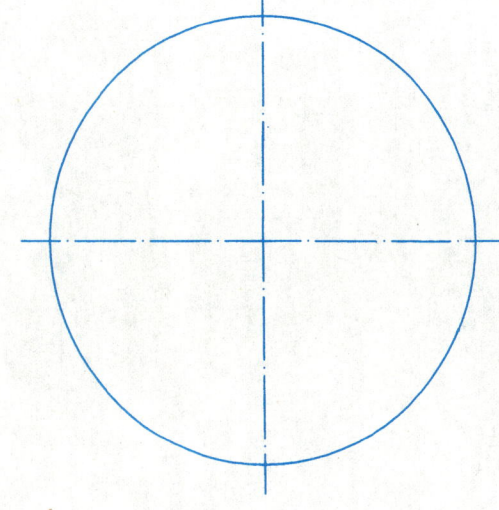

2. 作直线间圆弧连接，A、B处连接半径R=10；C、D处半径R=15。

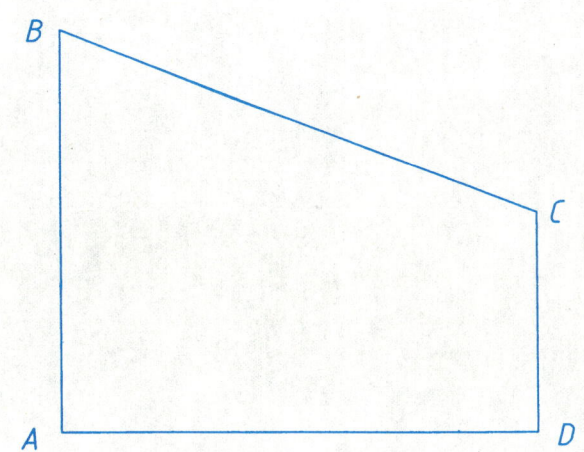

3. 用R=5的圆弧画出吊钩的端部。

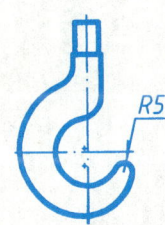
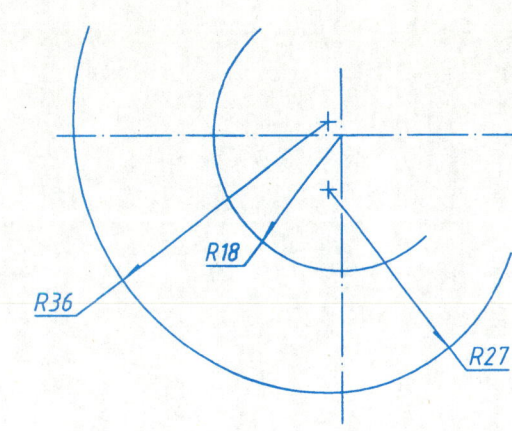

4. 用R=42、R=48的圆弧分别连接涵洞的内外轮廓。

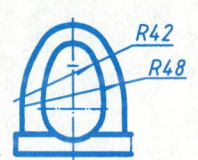
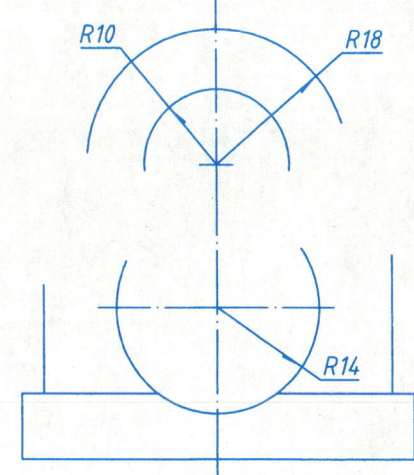

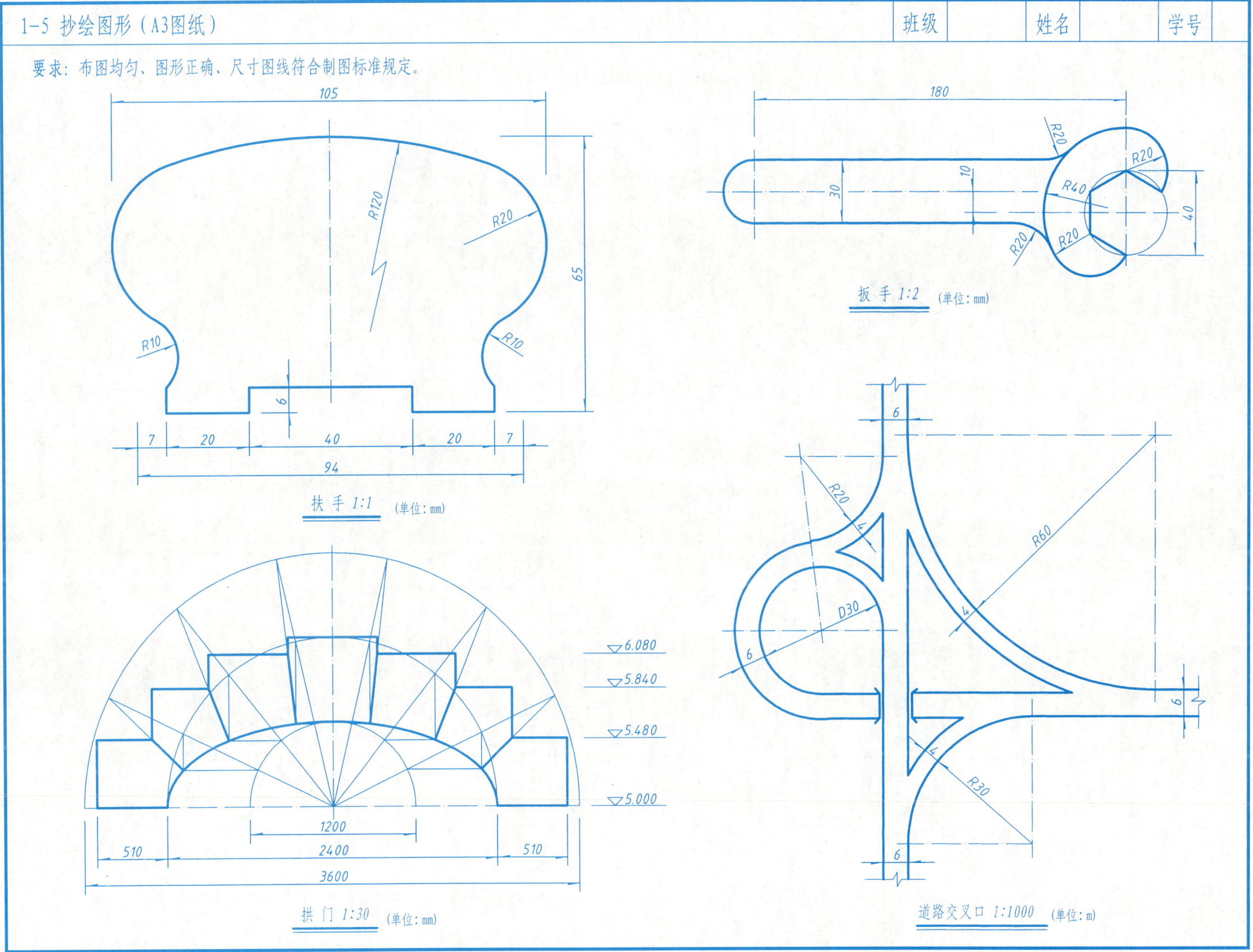

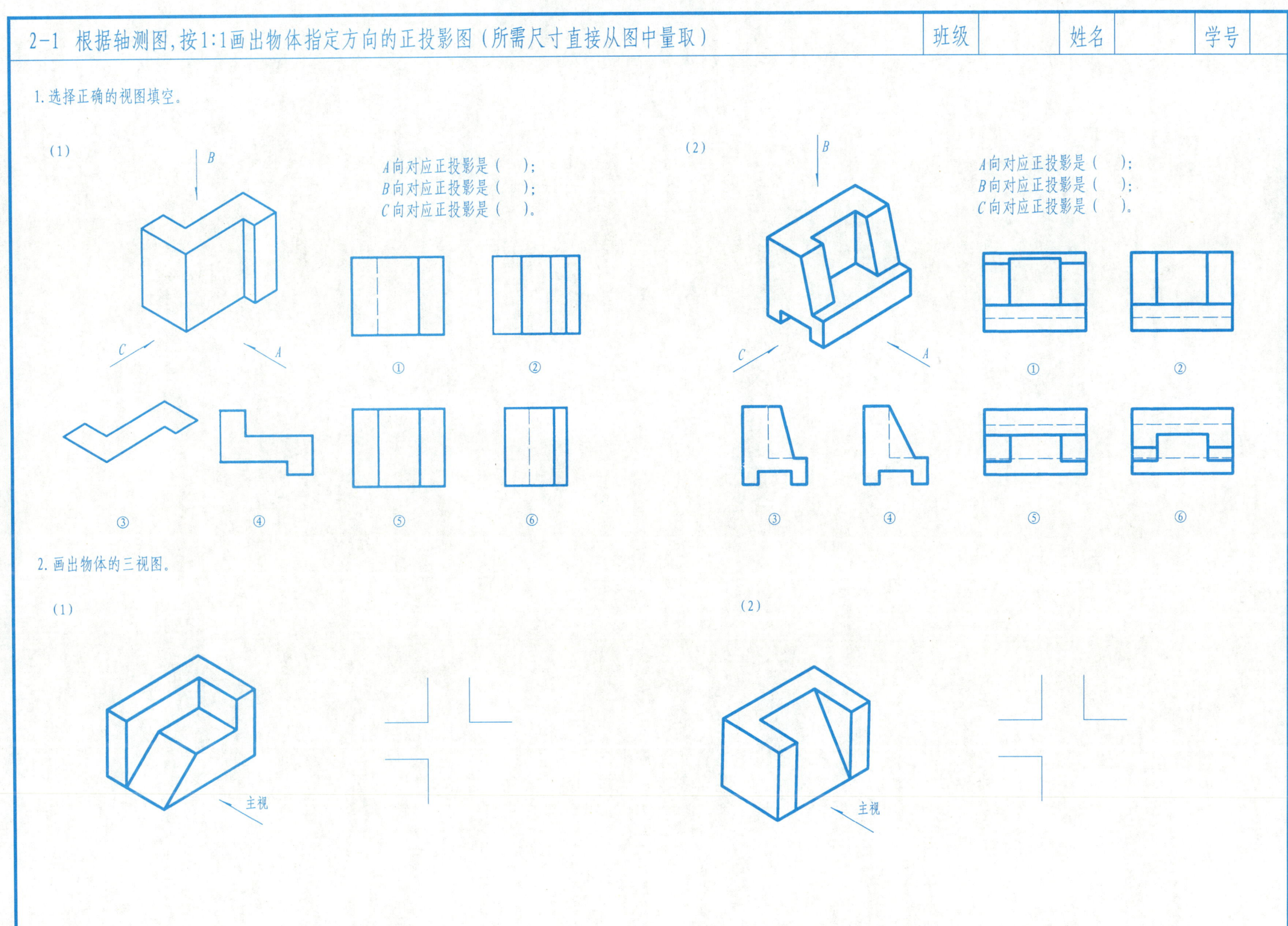

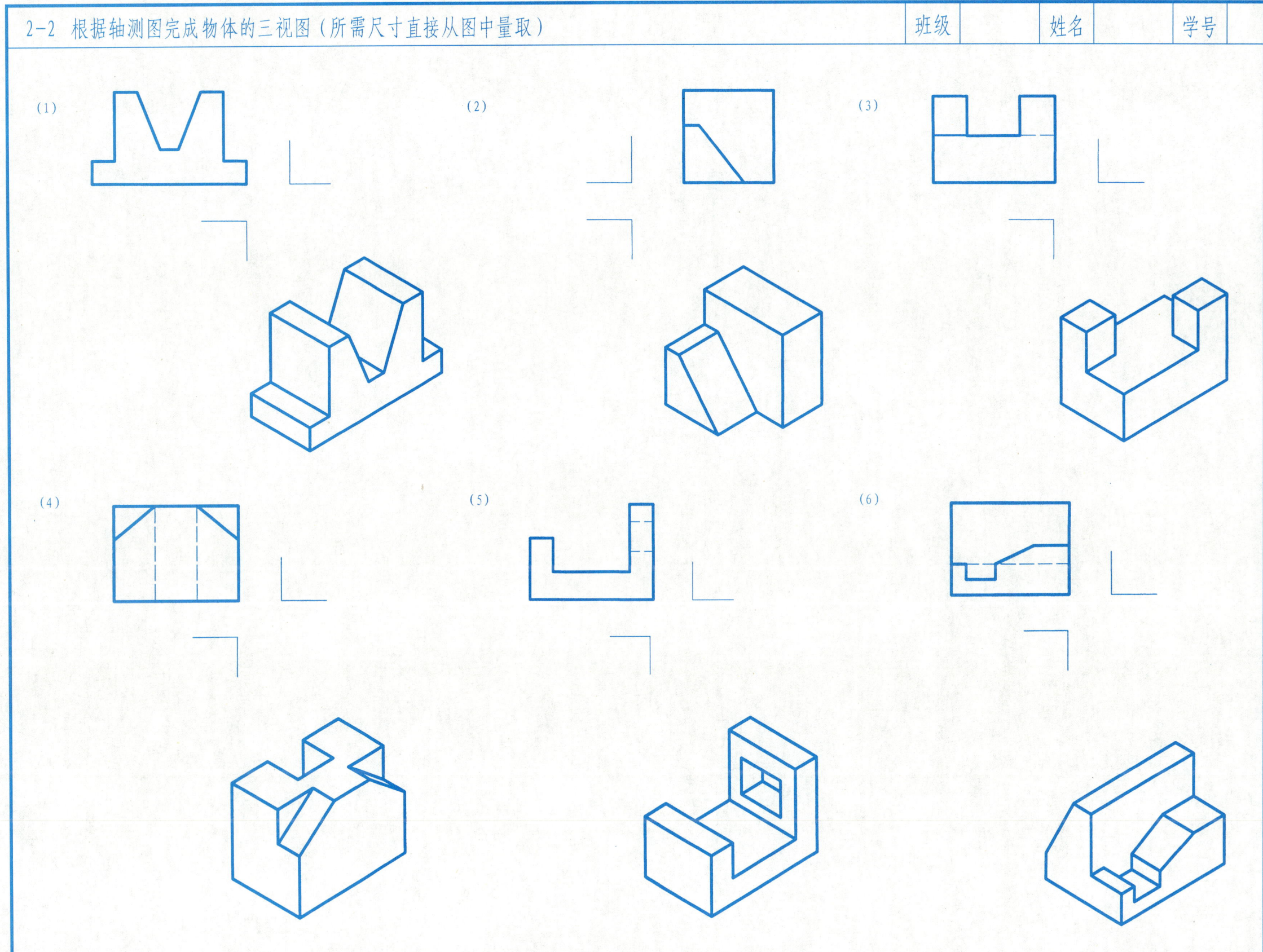

2-3 根据已知条件完成平面体的三视图　　　　班级　　姓名　　学号

1. 按要求补画平面体三视图。

(1) 两底面距离为25mm的横放六棱柱。　　(2) 高度为18mm的竖放凹形柱。

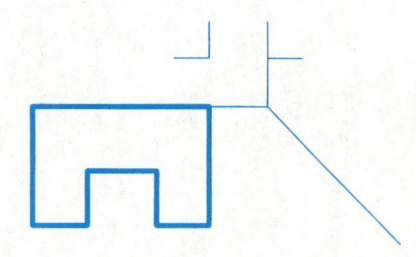

(3) 两底面距离为20mm的正放工形柱。　　(4) 锥高为20mm的正五棱锥。

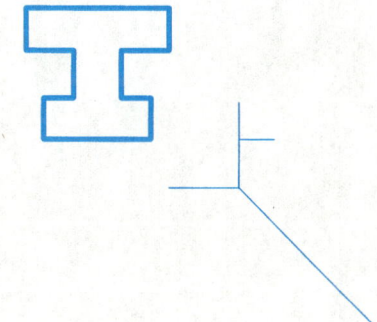　　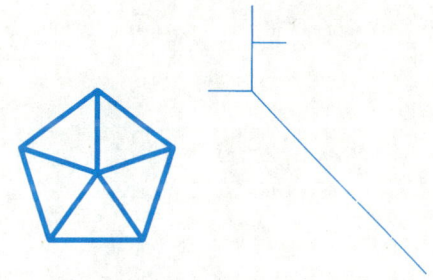

(5) 两底面距离为20mm的四棱台。　　(6) 两底面距离为20mm的五棱台。

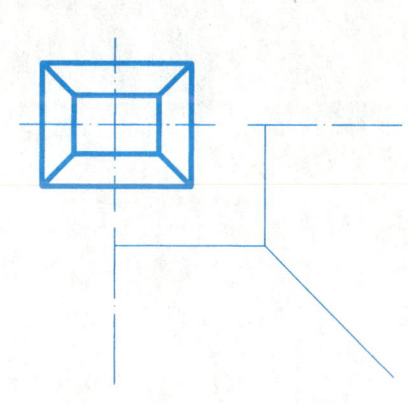　　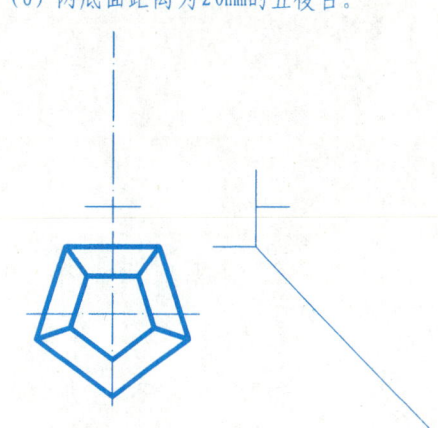

2. 选择正确的立体图填在相应的三视图括号内。

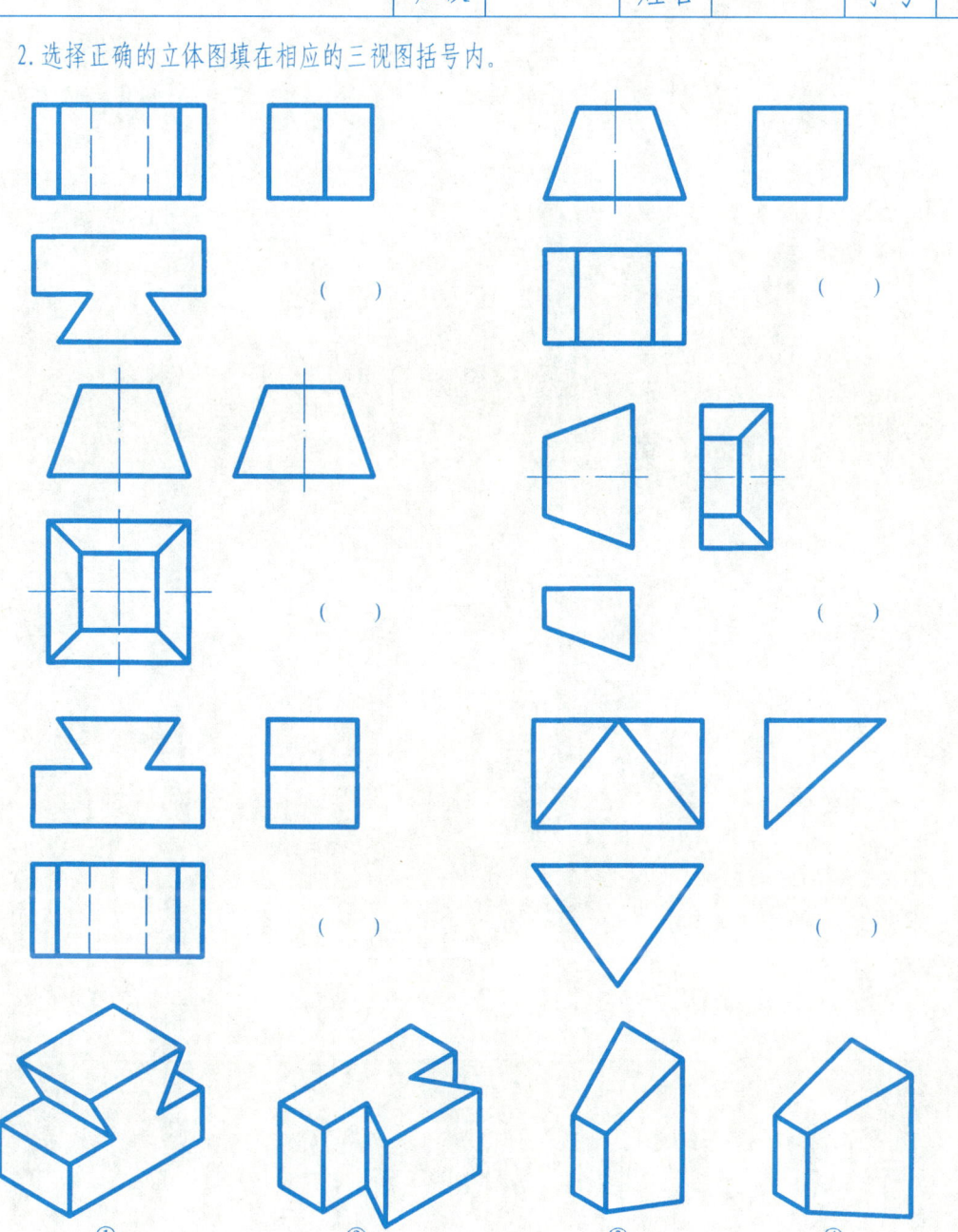

2-4 根据已知条件完成曲面体的三视图　　班级　　姓名　　学号

1. 按要求补画曲面体三视图。

(1) 横放圆柱。
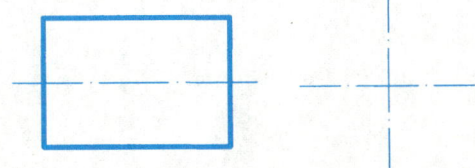

(2) 高度为18mm的竖放圆筒。
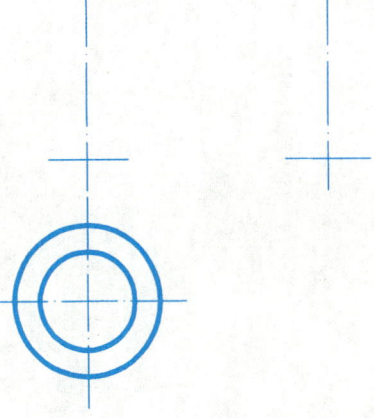

(3) 锥高为20mm的竖放圆锥。
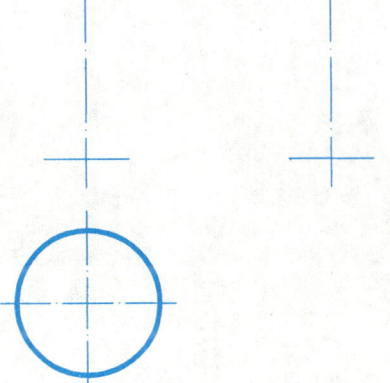

(4) 两底面距离为18mm的竖放后半圆台。

(5) 两底面距离为16mm的横放圆台。
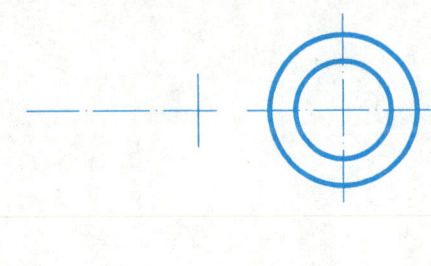

(6) 前半圆球。
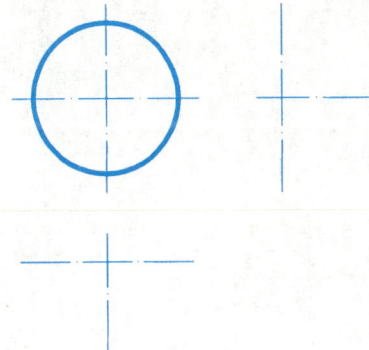

2. 选择正确的立体图填在相应的三视图括号内。

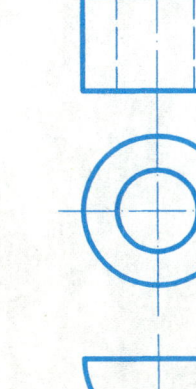
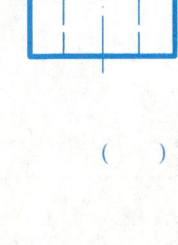
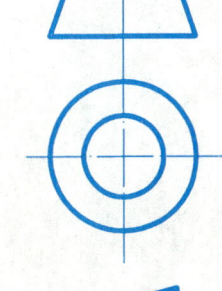
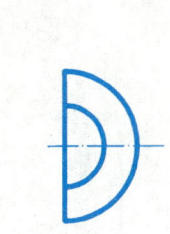
（　）　　（　）

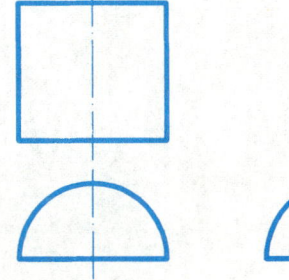

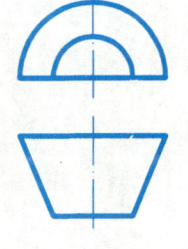

（　）　　（　）

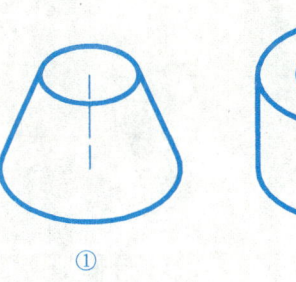 ①
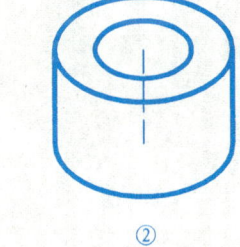 ②
 ③
 ④

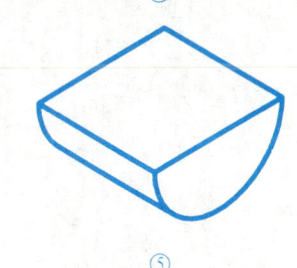 ⑤
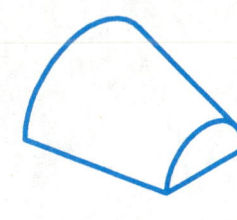 ⑥
 ⑦
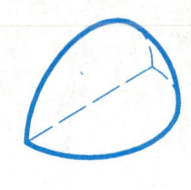 ⑧

2-5 根据已知条件完成简单体的三视图　　　　班级　　　姓名　　　学号

1. 两底面距离为16mm的组合柱。

2. 两底面距离为20mm的隔离墩组合柱。

3. 完成叠加型简单体——桥墩视图。

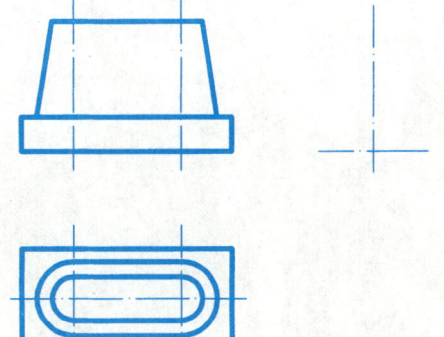

4. 完成叠加型简单体——螺钉视图。

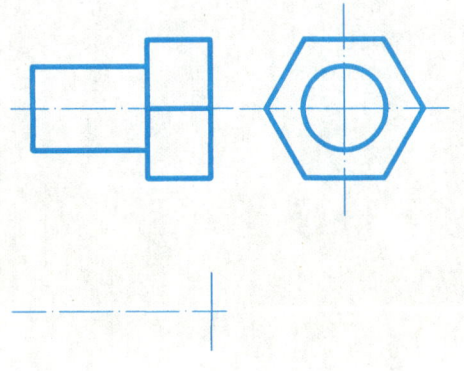

5. 半圆球与圆柱叠加。

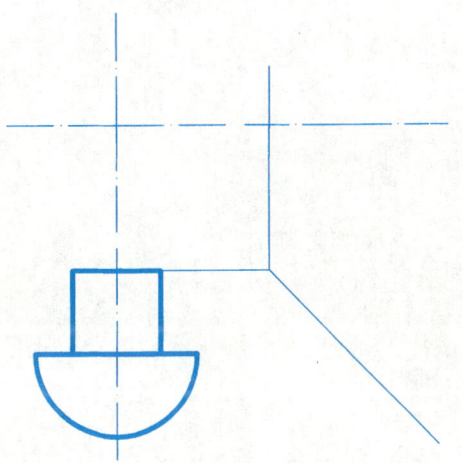

6. 两底面距离为22mm的组合柱挖一圆柱通孔。

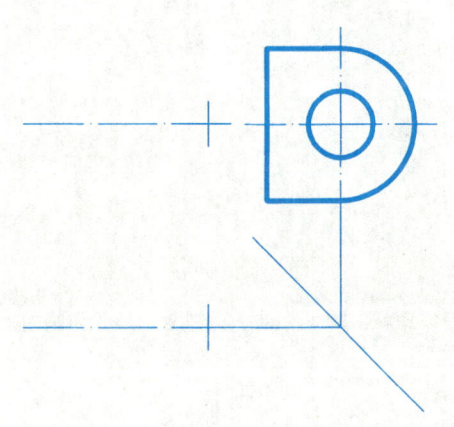

7. 根据一面视图构思形体，补画出其他两面视图。

(1)　　　　　　　　　　(2)　　　　　　　　　　(3)　　　　　　　　　　(4)

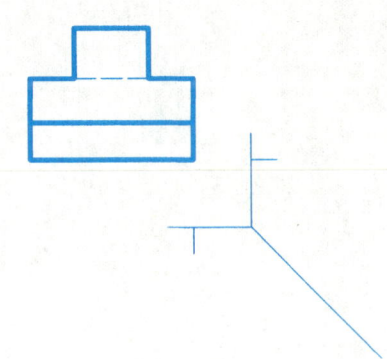 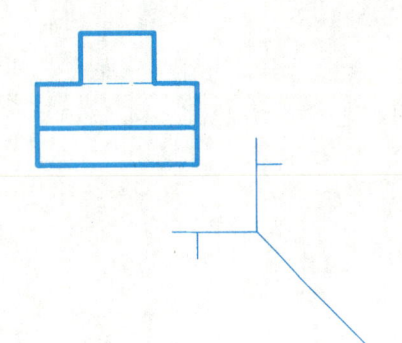 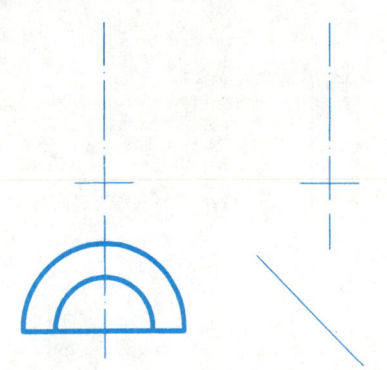 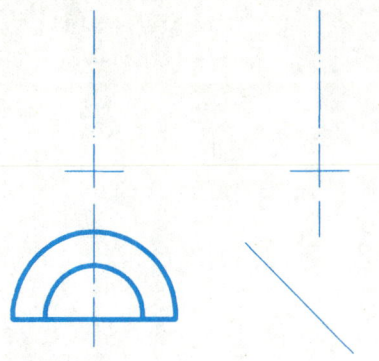

2-6 根据三视图刻模型。

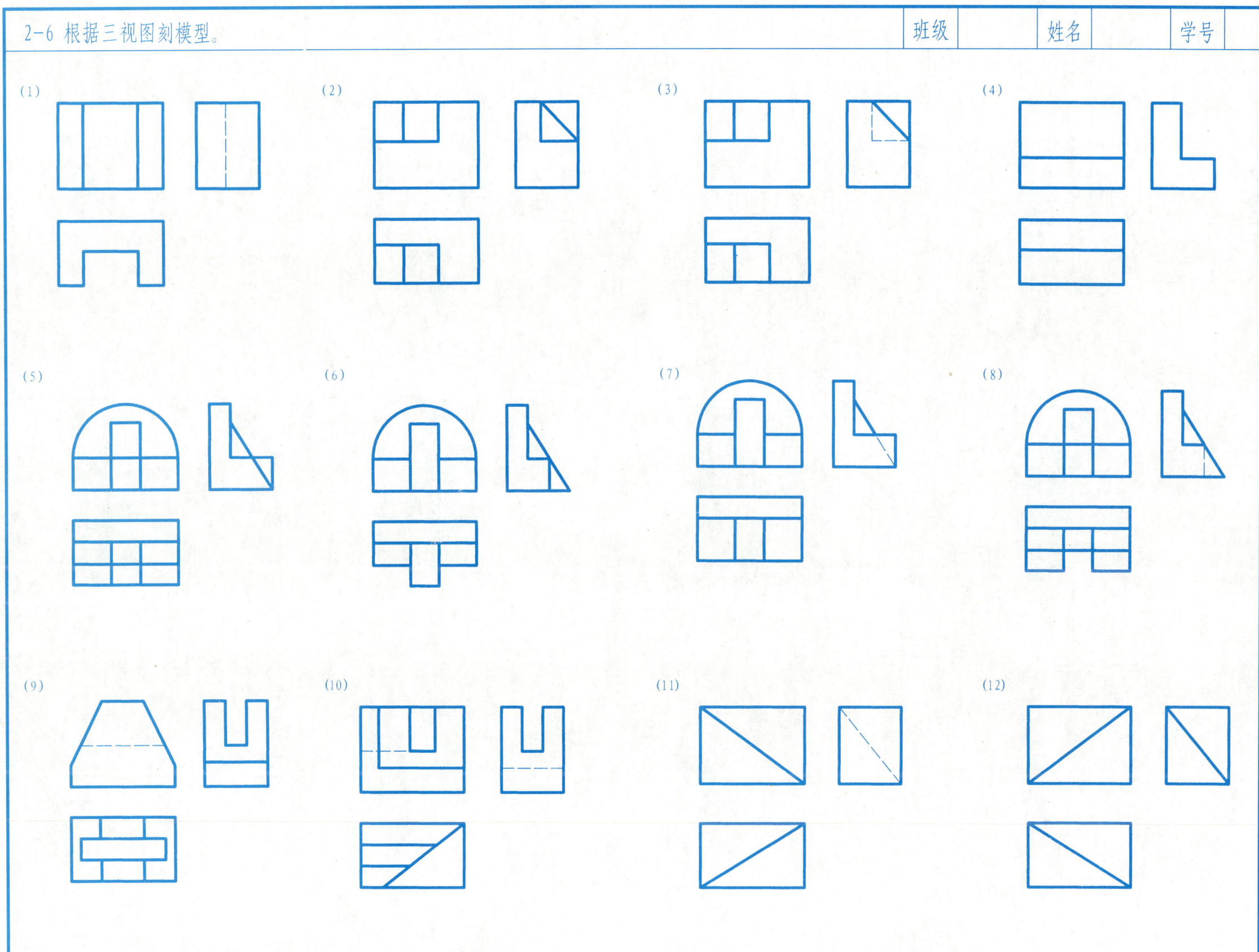

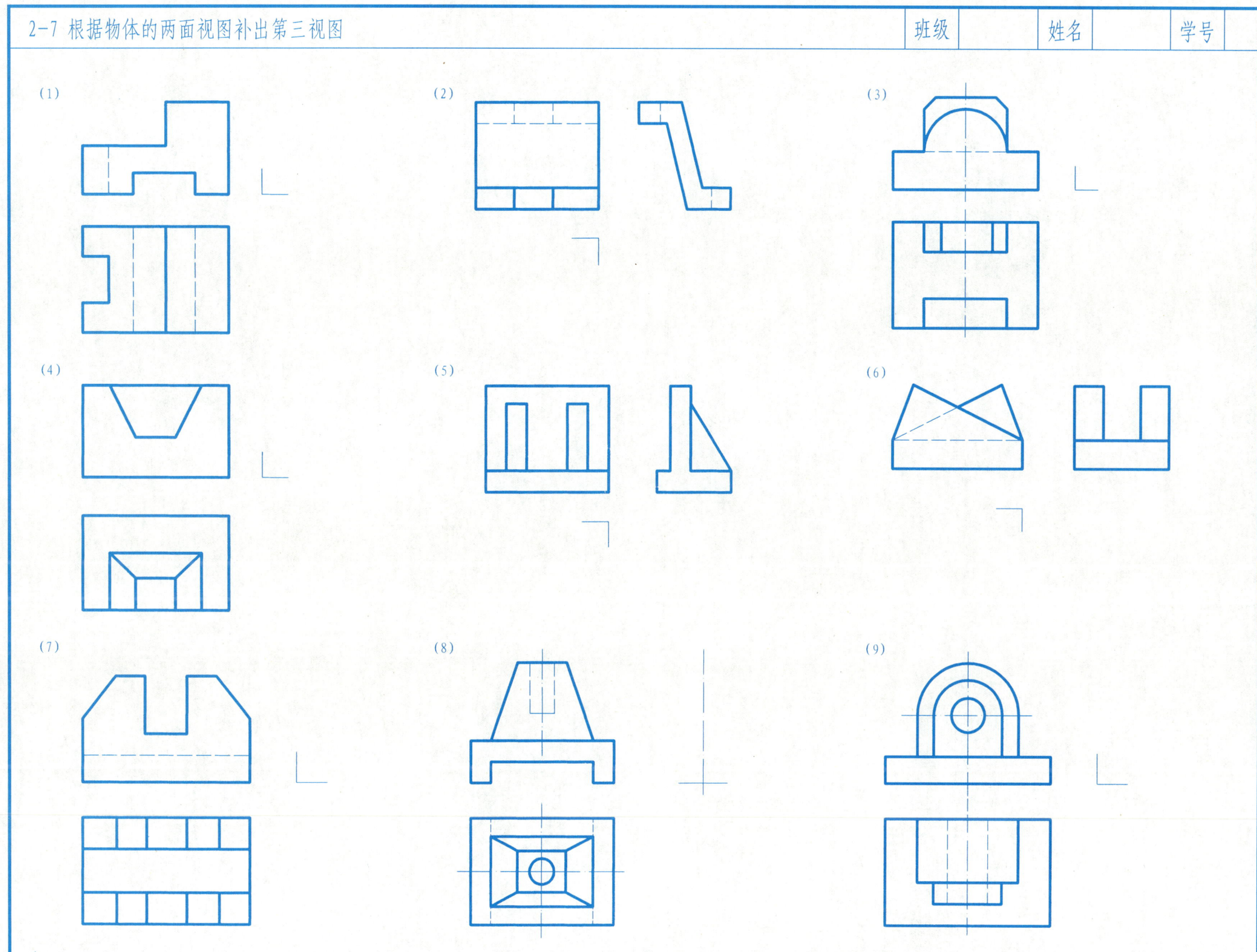

2-8 补漏线，完成三视图

第三章 轴 测 图

3-1 根据形体的两面视图在指定位置画其正等测图

3-2 根据形体的两面视图在指定位置画其斜二测图 　班级　　姓名　　学号

(1)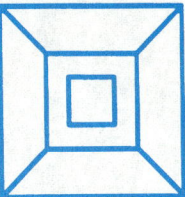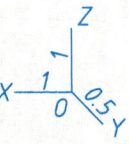

(2)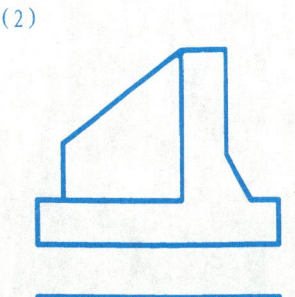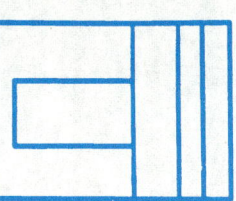

(3)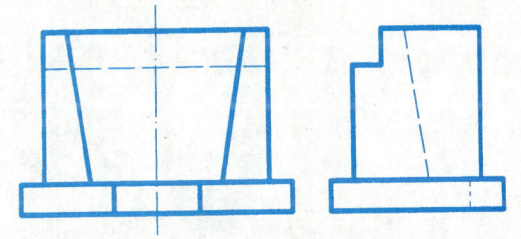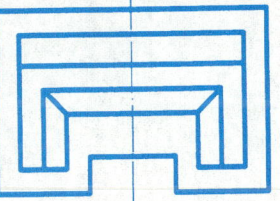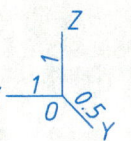

(4)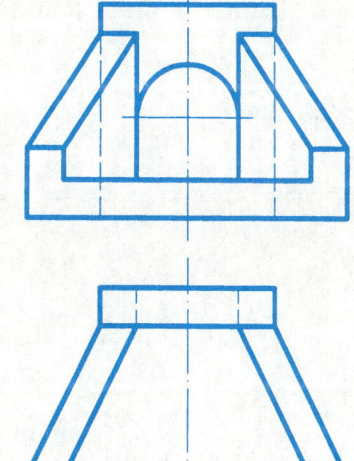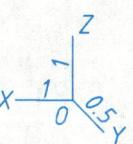

15

第四章 点、直线、平面的投影

4-1 点、直线的投影   班级   姓名   学号

1. 由直观图画出A、B、C点的三面投影图，并说明点到各个投影面的距离。

距离	A	B	C
V 面			
H 面			
W 面			
坐标			

2. 判断下列各对重影点的相对位置。

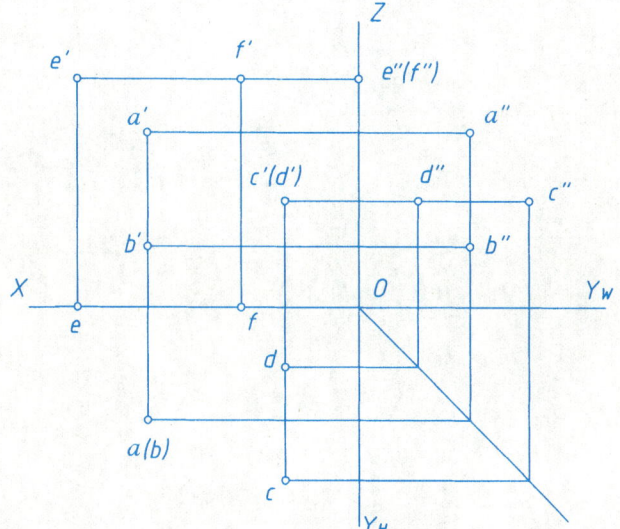

（1）点A、B为____面重影点；点A在点B的____方____mm；

（2）点C、D为____面重影点；点C在点D的____方____mm；

（3）点E在点F的____方____mm；E、F两点均在____面上。

3. 已知直线AB两端点的坐标A(18,15,18)、B(5,20,25)，画出直线AB的三面投影图和直观图。

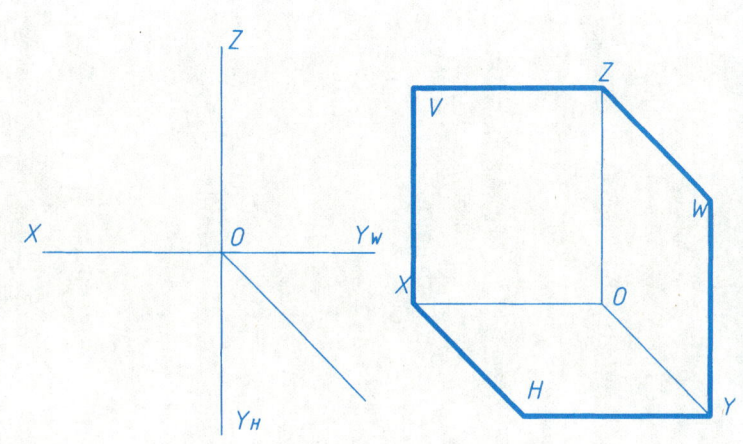

AB为____位置线，投影特征为____。

4. 判断下列直线的空间位置，并测量线段的实长。

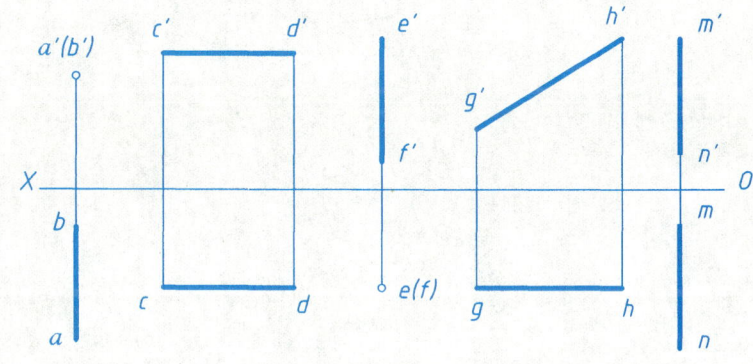

直线	AB	CD	EF	GH	MN
空间位置					
实 长					

5. 判定点K是否在直线AB上。

(1)   (2)

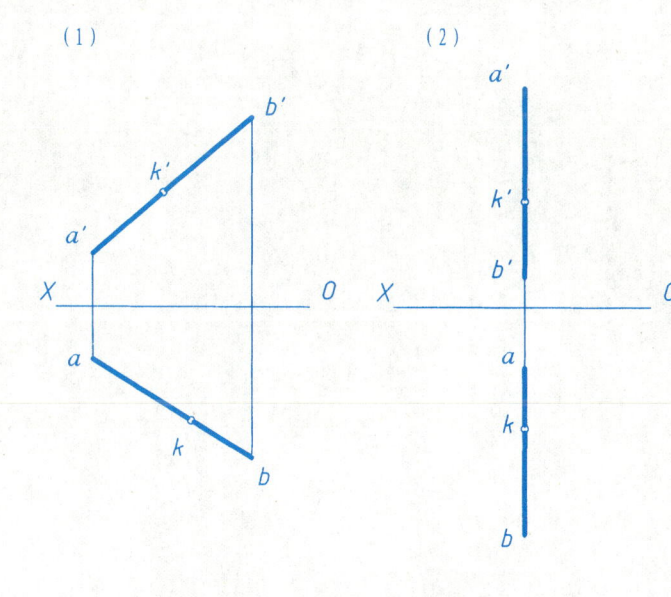

K点____直线AB上。   K点____直线AB上。

6. 在线段AB上取一点K，使AK:KB=1:2，求K点的两面投影。

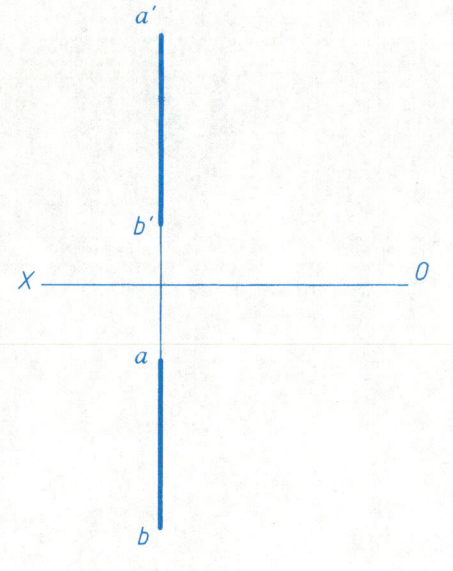

4-2 平面的投影

1. 完成平面及平面上K点的投影，并判断该平面相对投影面的位置。

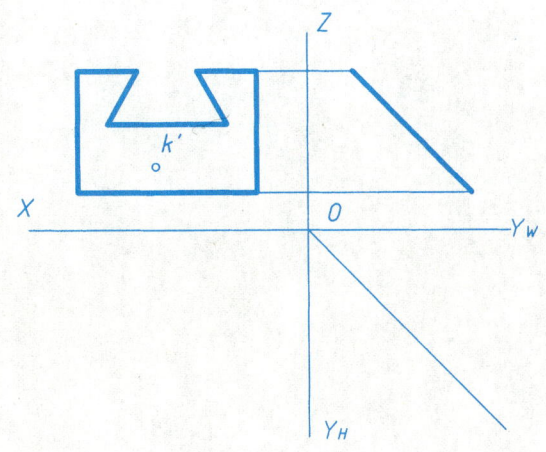

该平面是____面。

2. 已知平面为一正垂面，与H面成30°，完成该平面的三面投影。

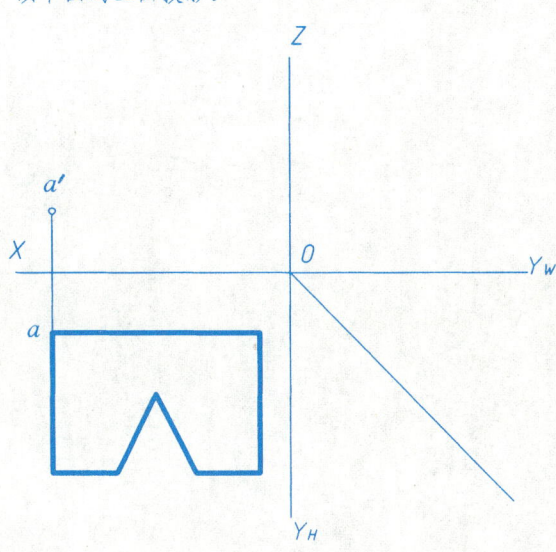

3. 已知M点和N点在平面△ABC上，求出平面的侧面投影和M点、N点的另两面投影。

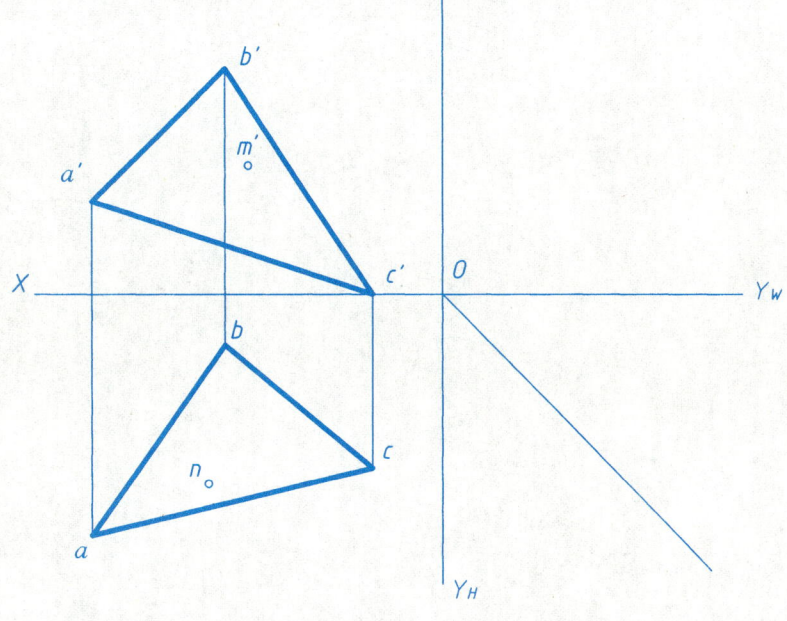

ABC平面是____面，投影特点是____。

4. 徒手勾画形体轴测图，判断图中所标直线和平面的空间位置。

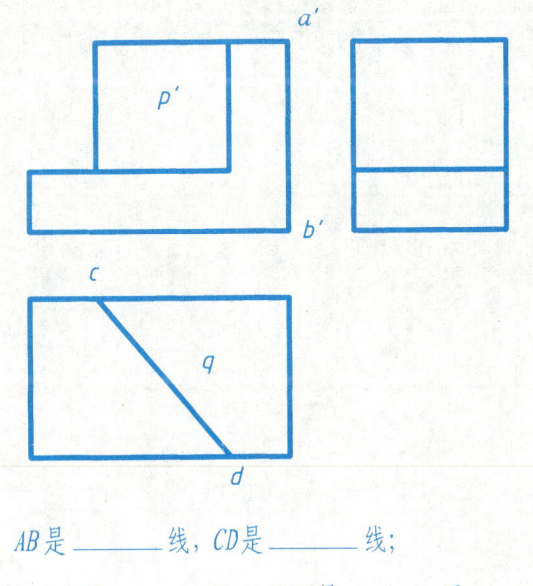

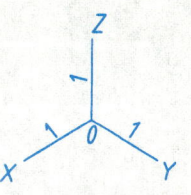

AB是____线，CD是____线；

P平面是____面，Q平面是____面。

5. 已知五边形平面ABCDE的AE边为正平线，求作五边形的水平投影，并完成侧面投影。

第五章 组 合 体

5-1 交线分析

定性判断交线的形状，标出特征点的投影，并画出轴测草图。

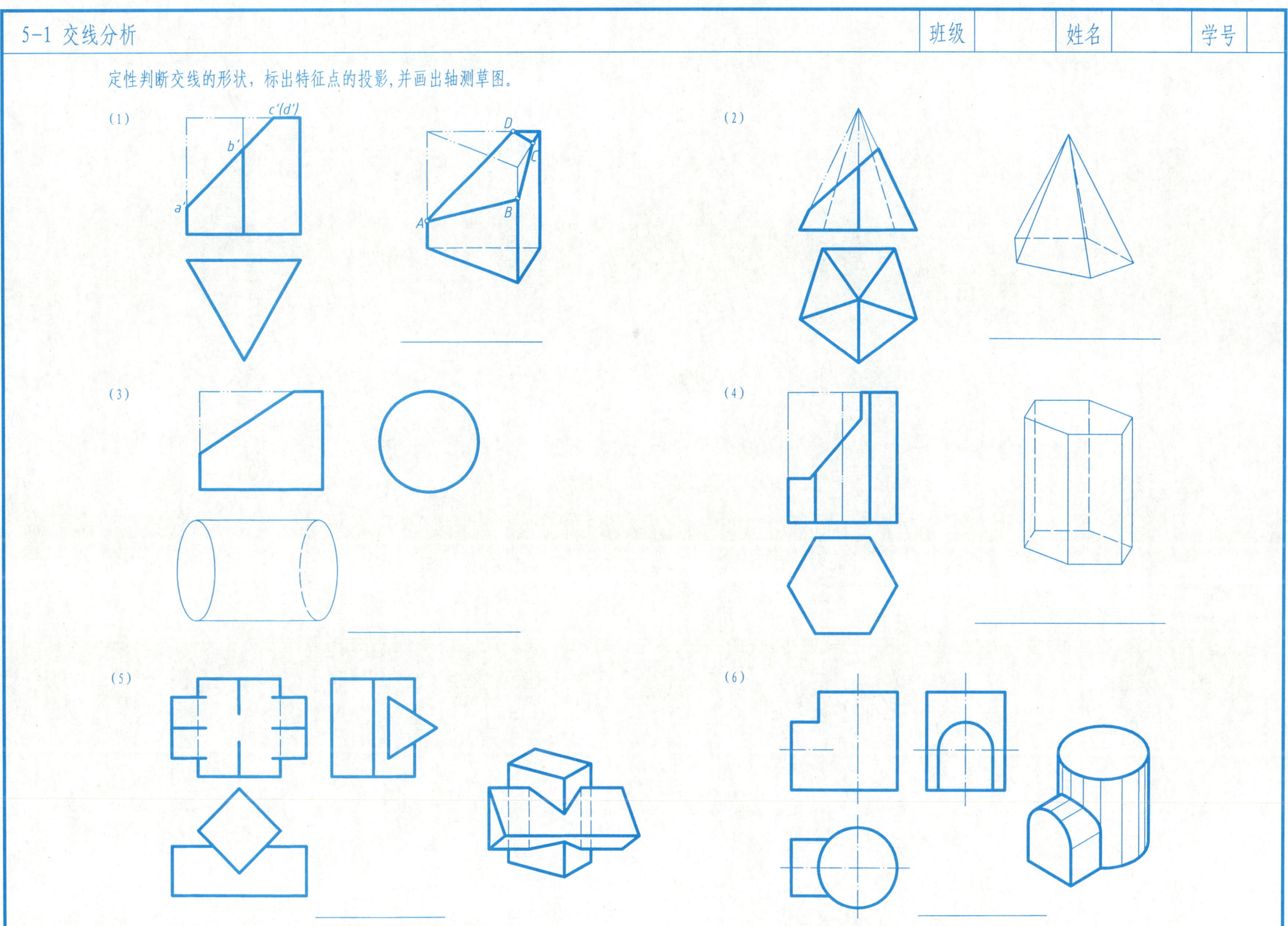

5-2 体表面取点　　班级　姓名　学号

补全下列立体表面上点的三面投影,并徒手画立体图。(轴测图类型自选)

(1)

(2)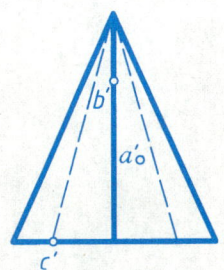

(3)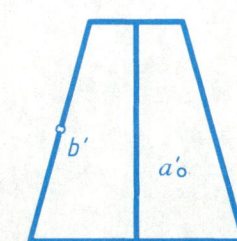

(4)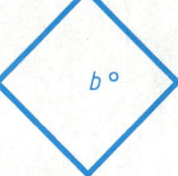

(5)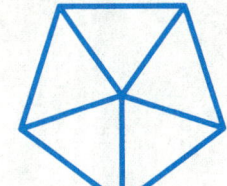

(6)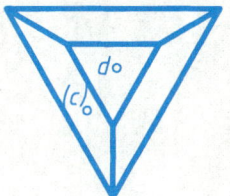

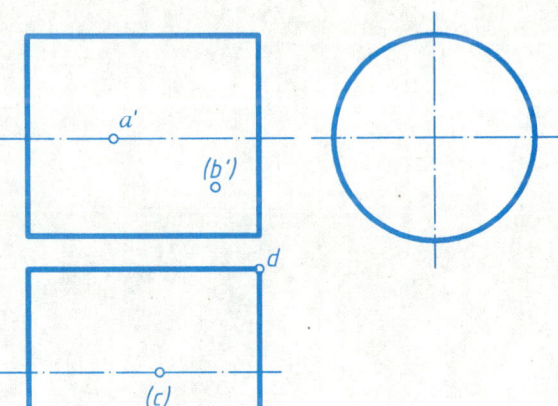

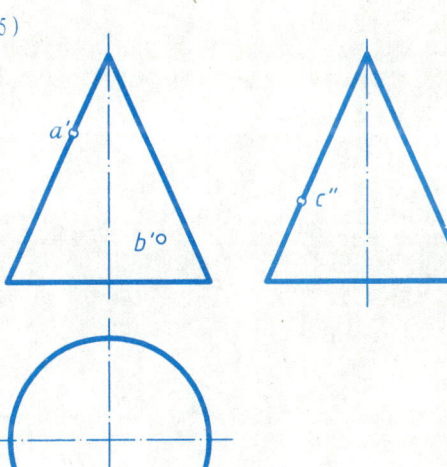

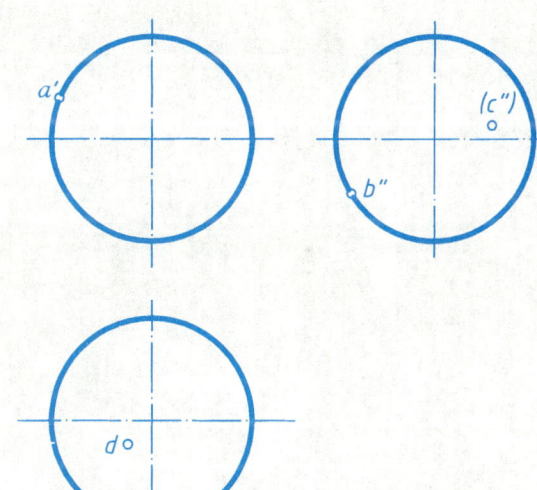

5-3 切割体（一）

1. 按1:1绘制下列切割体的三视图，并标注尺寸。

   (1)　　　　　　　　　　　　　　　　　　　　(2)

2. 补画轴测图和第三面投影。

   (1)　　　　　　　　　　　　　　　　　　　　(2)

   (3)　　　　　　　　　　　　　　　　　　　　(4)

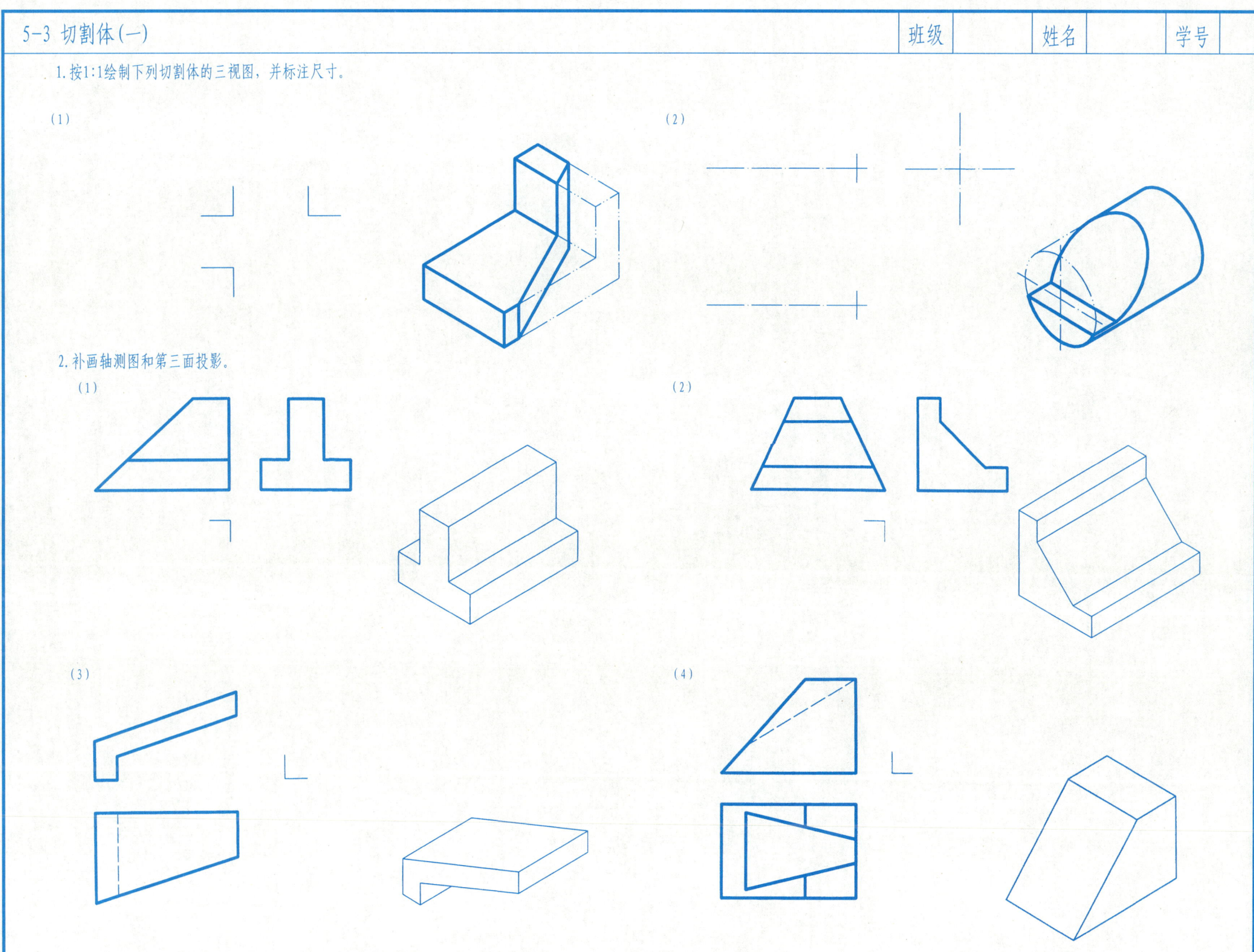

5-4 切割体(二)

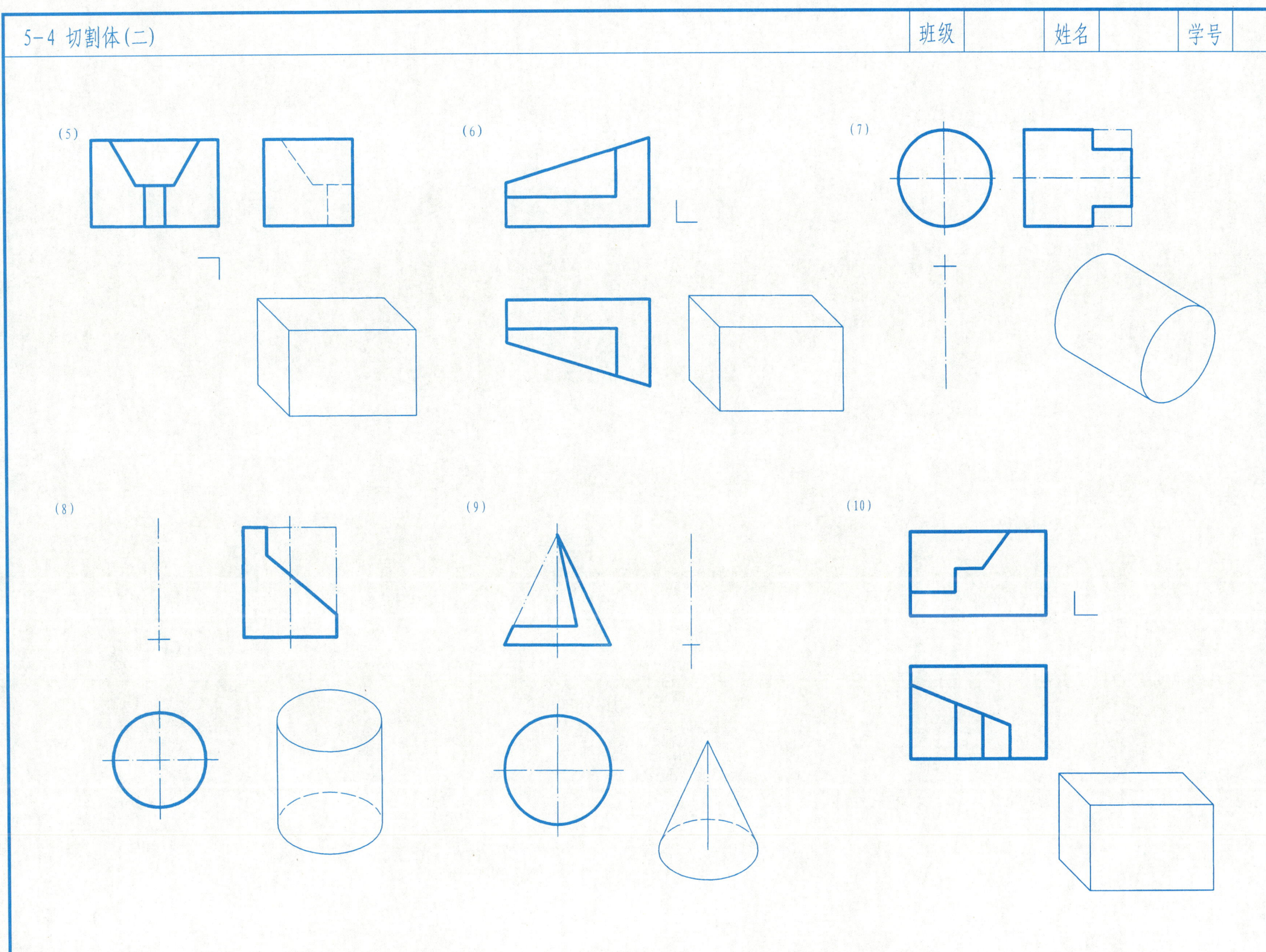

5-5 叠加体

补画下列叠加体的轴测图和三视图，并任选两题标注尺寸（比例1:5）。

(1)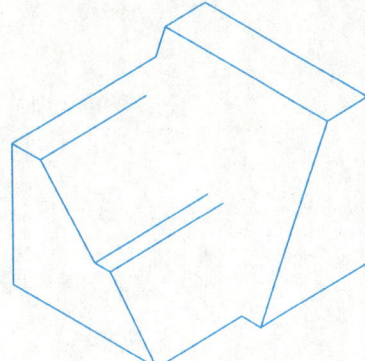

(2)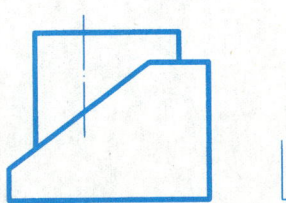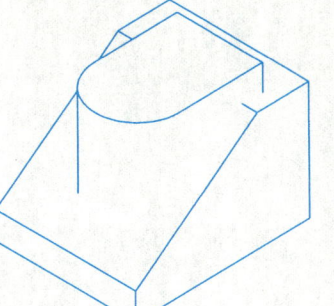

(3)

(4)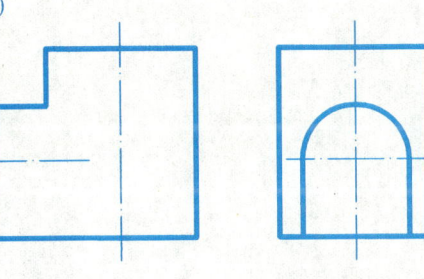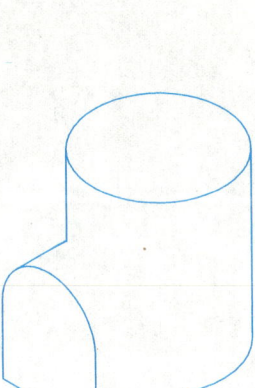

(5)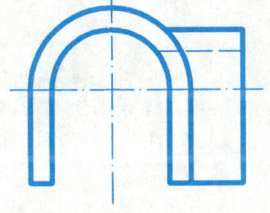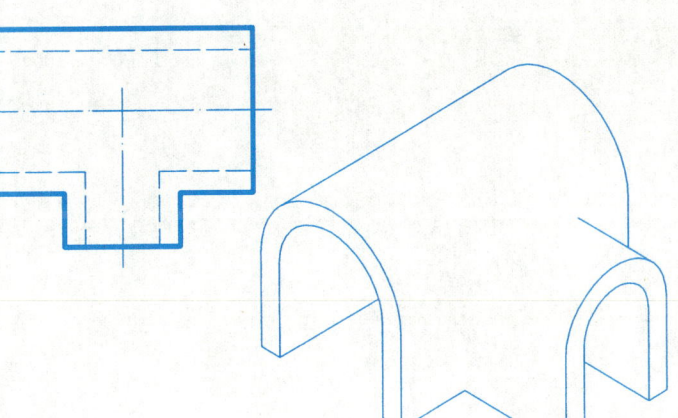

(6)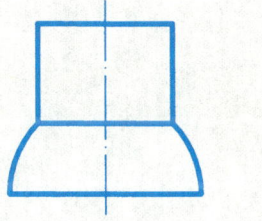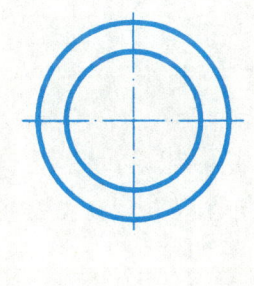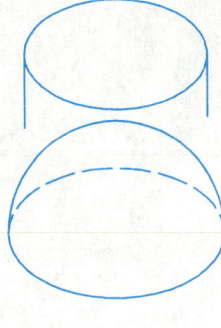

5-6 综合体(一) 班级　　　姓名　　　学号

1. 按1:1画出下列综合体的三视图，并标注尺寸。

(1)

(2)

2. 补画形体的三视图。

(1)　　　　　　　　　　(2)　　　　　　　　　　(3)

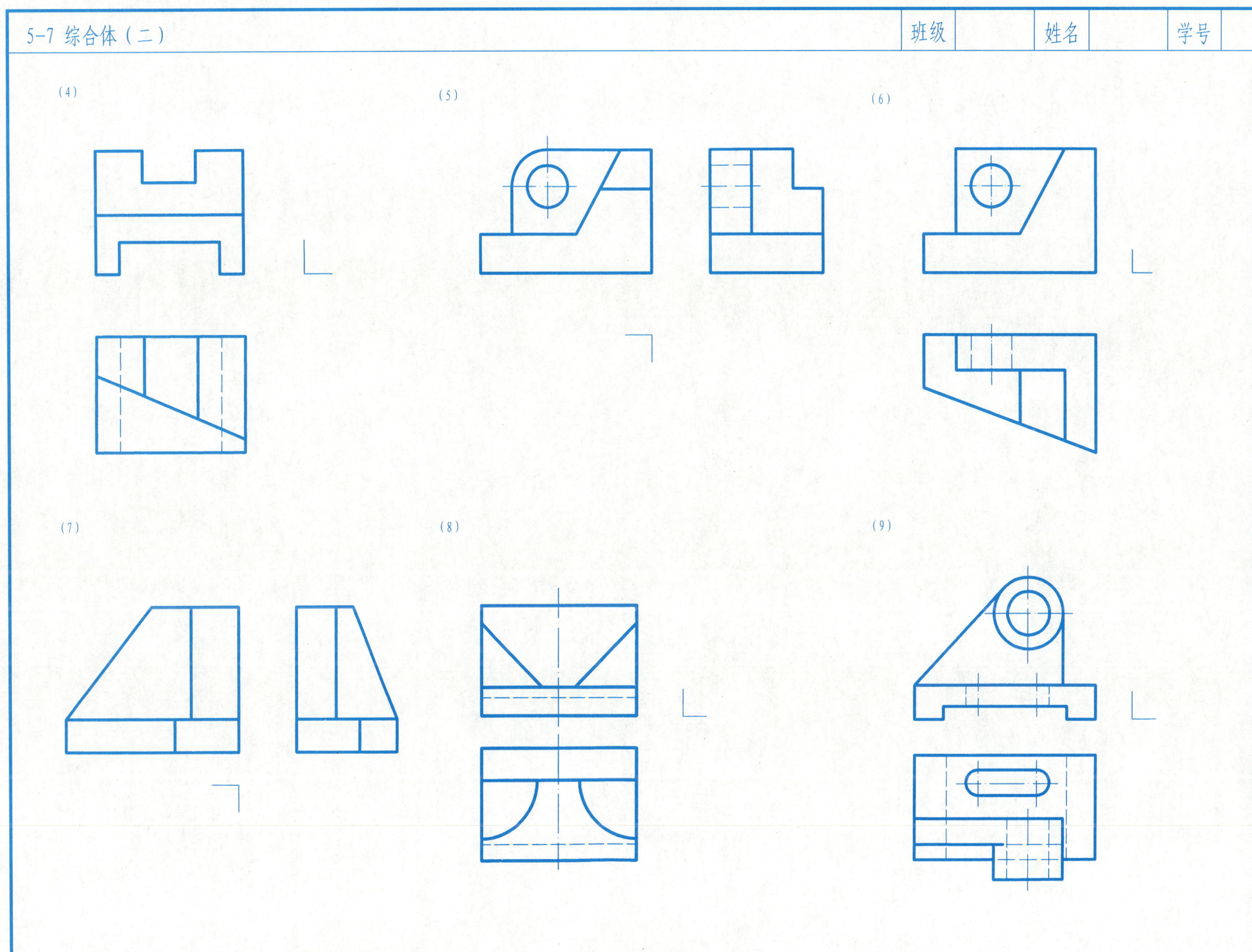

第六章 剖面图、断面图

6-1 单一全剖面图

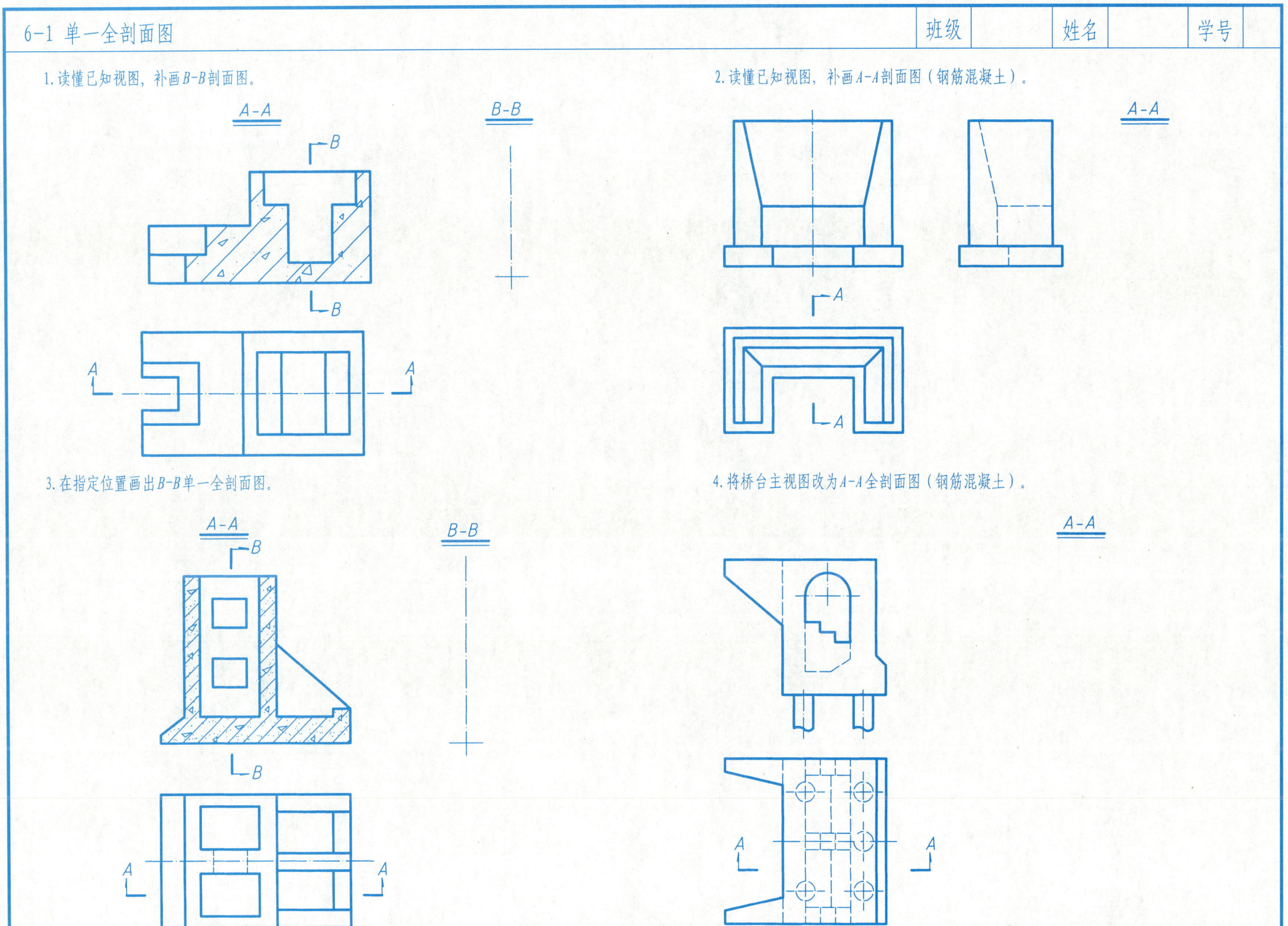

6-2 半剖面图与局部剖面图

1. 读图并选择正确的A-A半剖面图。

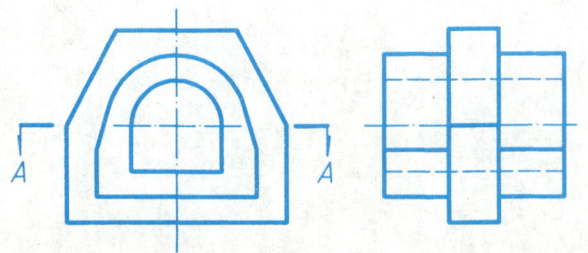

正确的半剖面图是_____。

(a)　　(b)　　(c)

2. 读图并选择正确的局部剖面图。

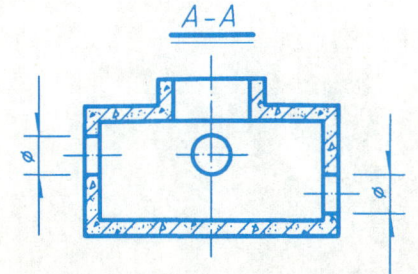

正确的局部剖面图是_____。

(a)　　(b)　　(c)

3. 画出B-B半剖面图。

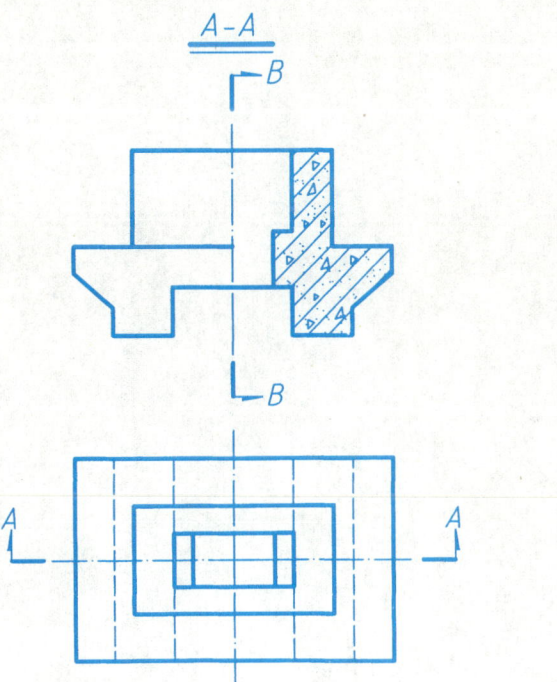

4. 画出B-B半剖面图。

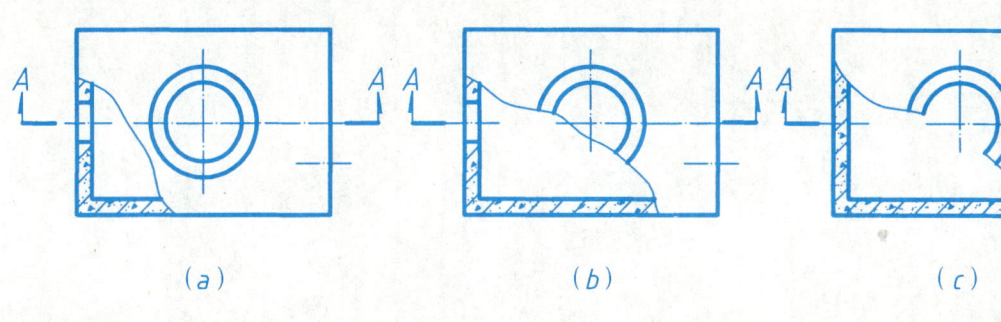

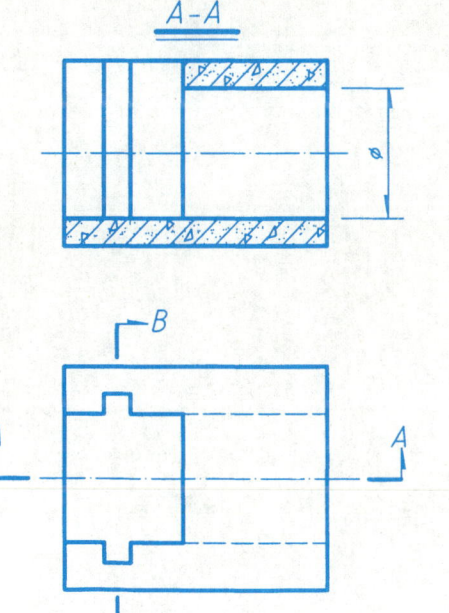

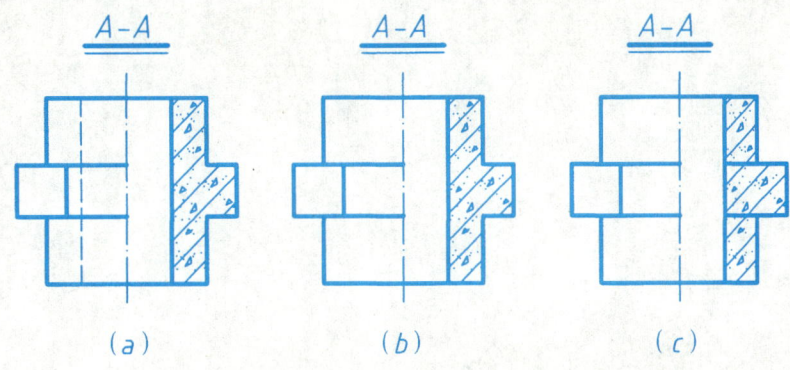

6-3 阶梯剖面图与旋转剖面图

1. 将主视图改画为A-A阶梯全剖面图，并完成标注（金属）。

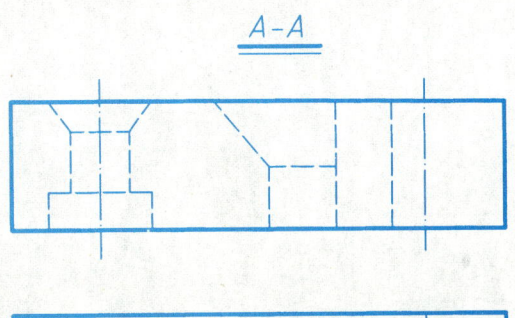

2. 在指定位置画出B-B阶梯全剖面图。

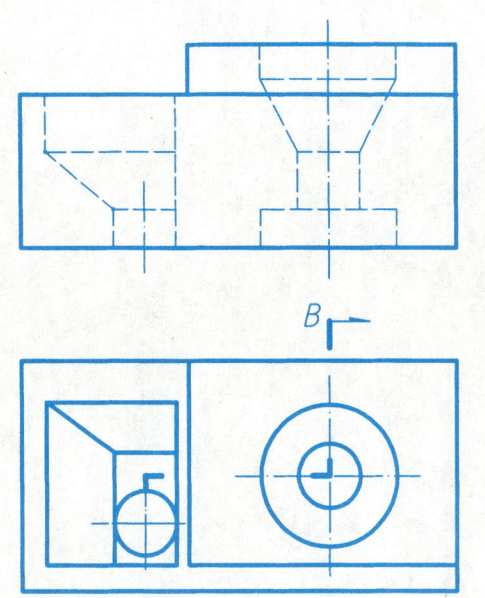

3. 读图并选择正确的C-C旋转全剖面图。

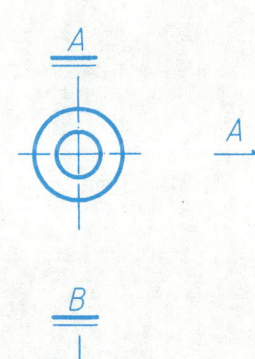

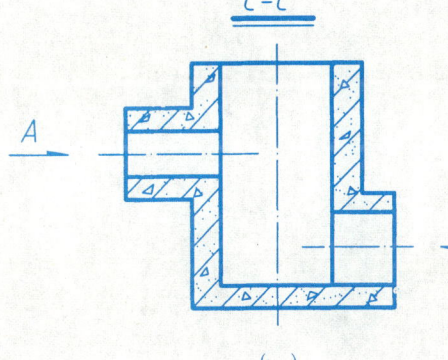

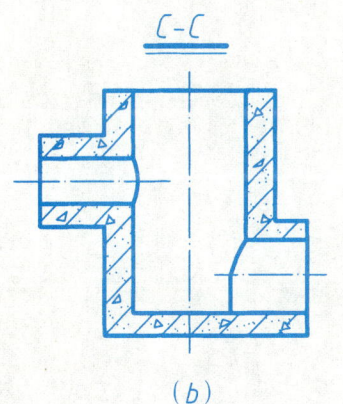

(a)

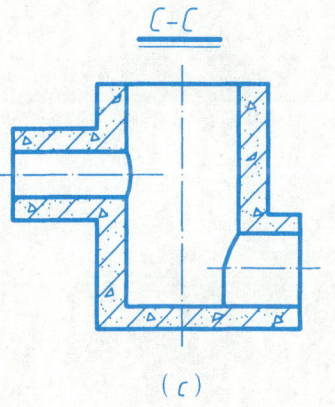

(b)

(c)

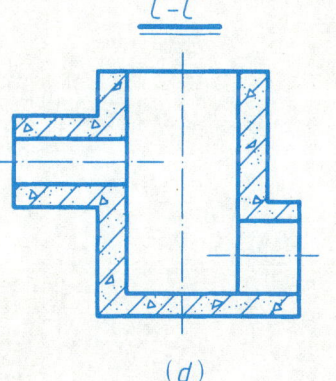

(d)

正确的旋转全剖面图是 _____ 。

6-4 断面图

1. 在指定位置画出变截面梁的1-1、2-2、3-3断面图（钢筋混凝土）。

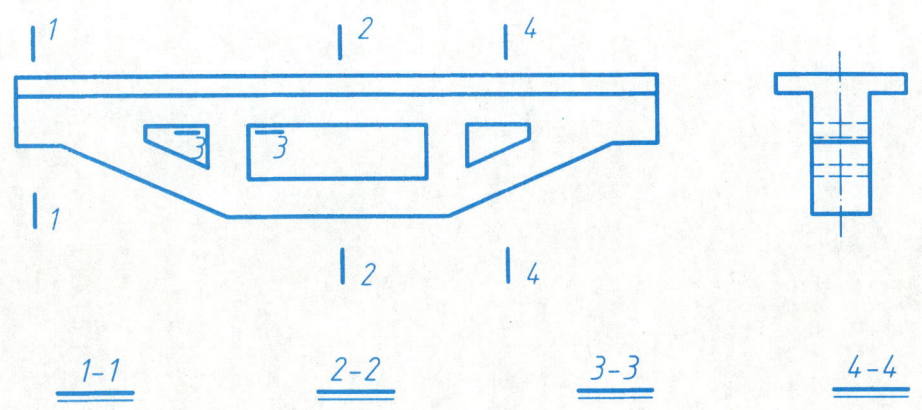

2. 在指定位置画出梁的1-1、2-2、3-3断面图。

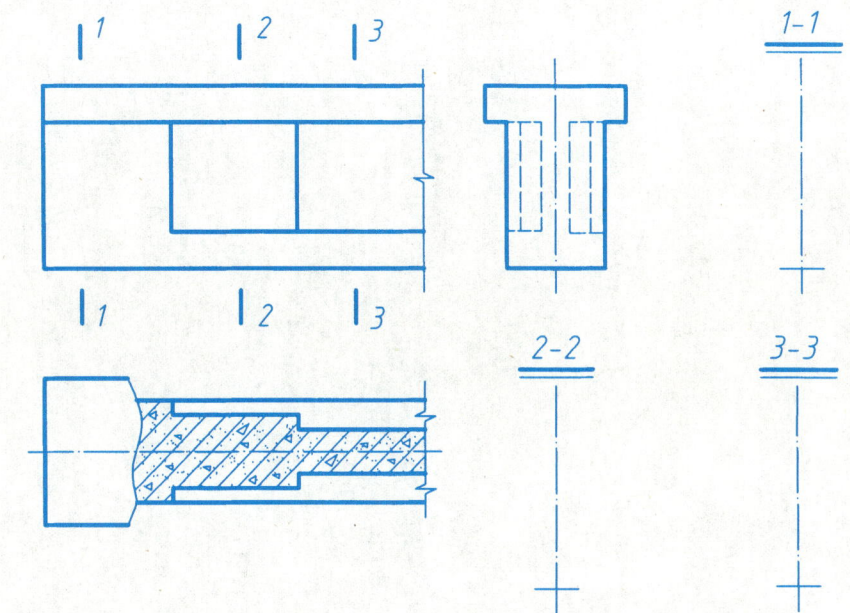

3. 在指定位置画出构件的A-A断面图（混凝土）。

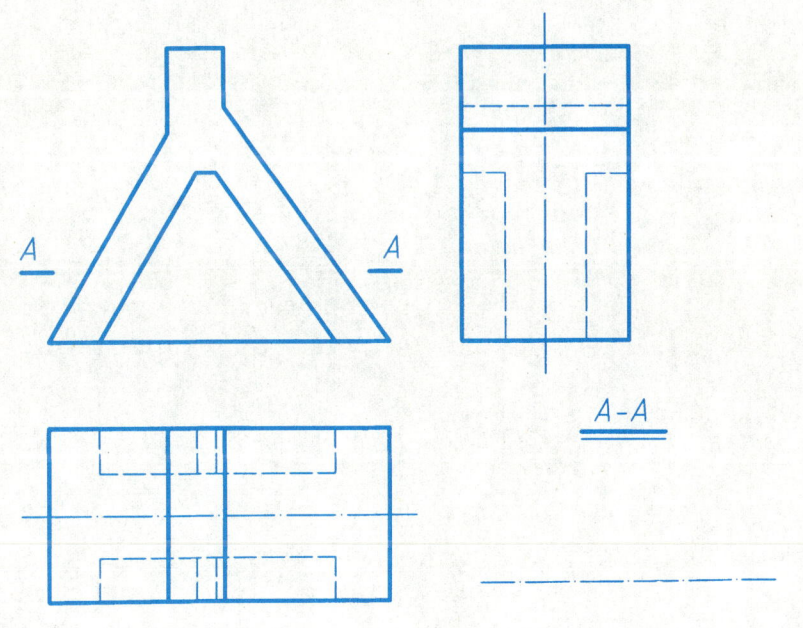

4. 在指定位置画出涵洞洞身A-A断面图（拱圈为钢筋混凝土，其余为浆砌块石）。

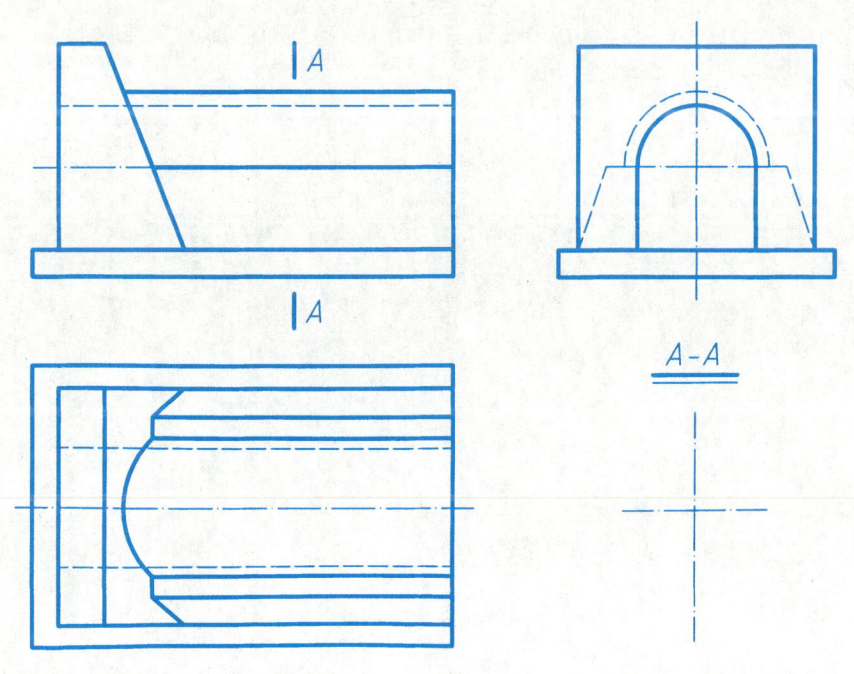

第七章　建筑物中的常见曲面

7-1 常见曲面　　　　班级　　姓名　　学号

1. 填写下面立体图中各指定曲面名称，并完成曲面投影。

（　）
（　）
（　）
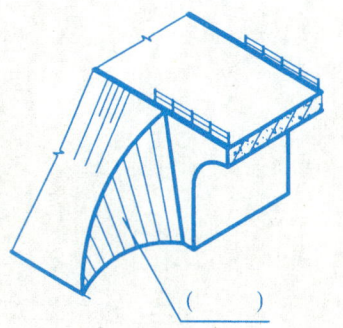（　）
（　）

2. 在指定位置画出方圆渐变面的 A-A 断面图。

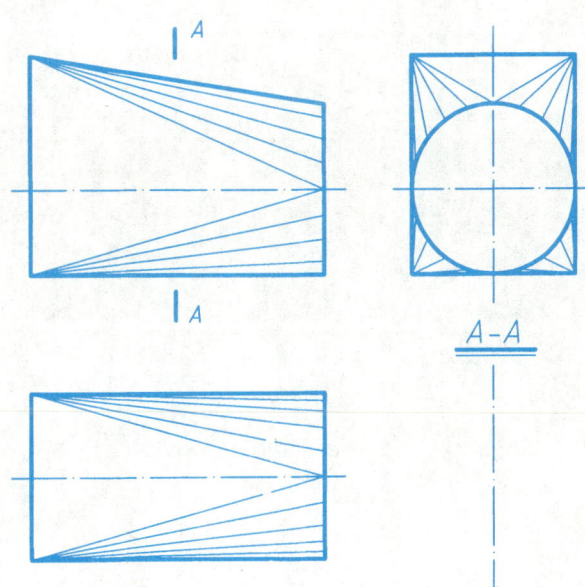

3. 在指定位置画出扭平面过渡段的 A-A、B-B、C-C 断面图。

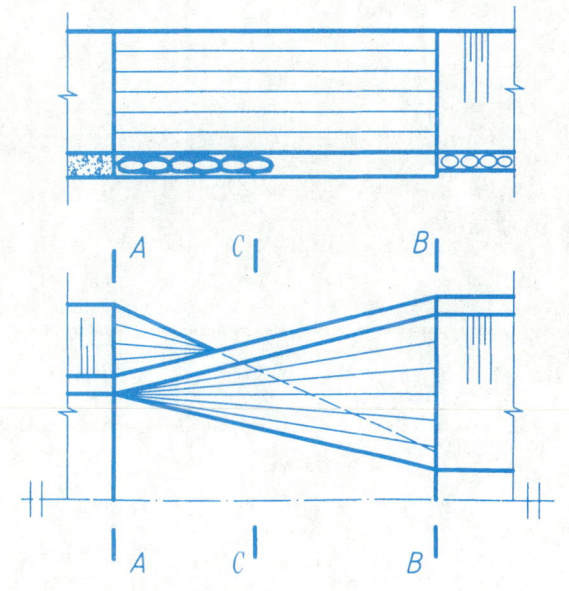

第八章 标高投影

8-1 点、直线、平面的标高投影

| 班级 | 姓名 | 学号 |

1. 根据 A、B、C 各点的标高投影，作出其空间点位置。

2. 已知直线 AB 的标高投影，求该直线的坡度 i、平距 l、直线上的整数高程点 c_4、d_5、e_6、f_7。

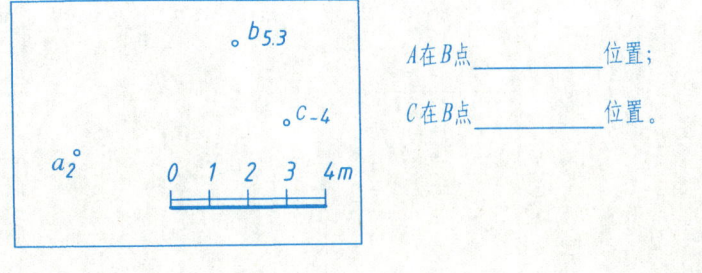

A 在 B 点 ＿＿＿＿ 位置；

C 在 B 点 ＿＿＿＿ 位置。

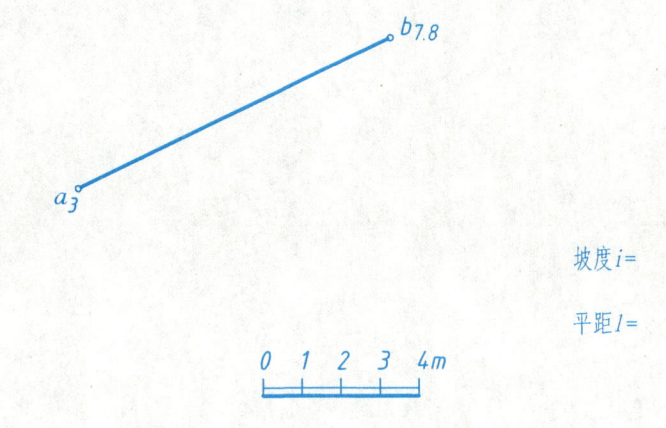

坡度 i =

平距 l =

3. 求作下列两平面的交线。

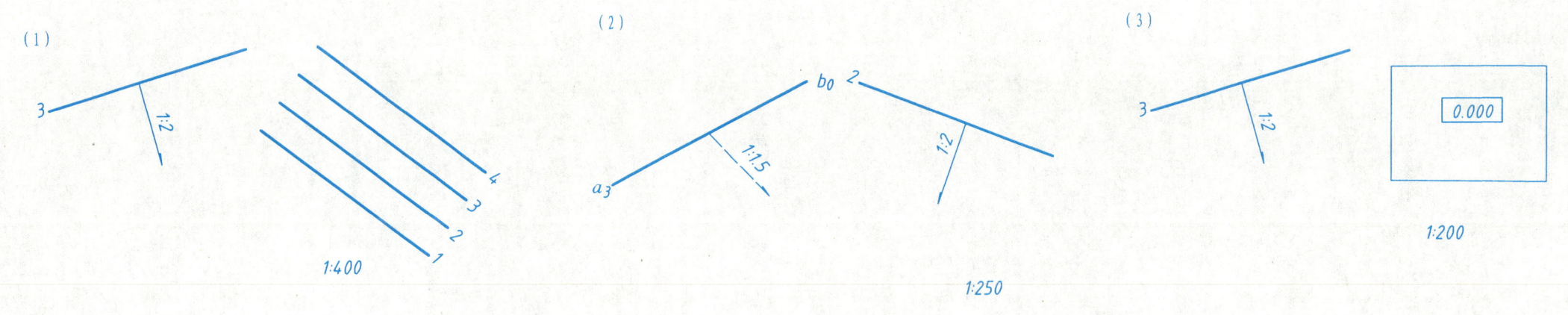

8-2 平地面上建筑物的标高投影 | 班级 | 姓名 | 学号

1. 在高程为0m的地面上筑大、小两堤,已知堤顶高程及各坡面坡度,完成标高投影图(比例1:400)。

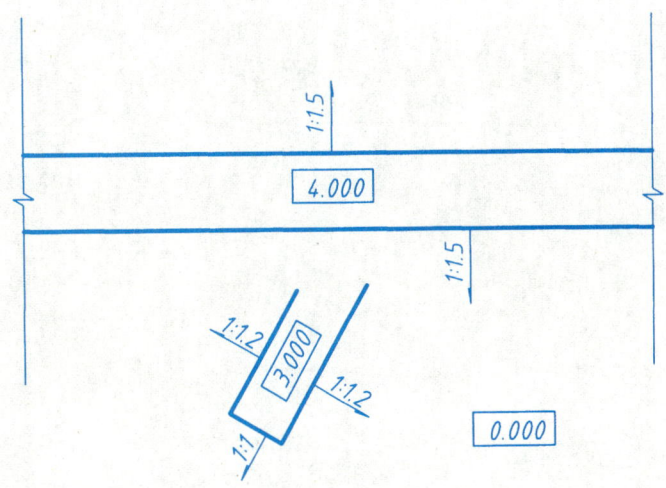

2. 在高程为0m的地面上筑一高程为4m的平台,中间有一斜坡道,已知各坡面坡度,完成其标高投影图(比例1:200)。

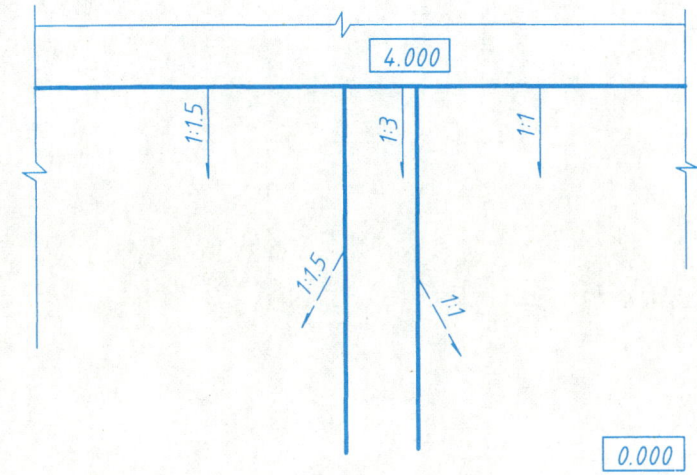

3. 在高程为0m的地面上挖一高程为-2m的基坑,挖方边坡为1:1.2,完成其标高投影图。

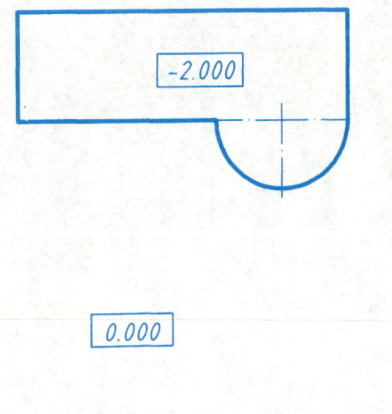

4. 在高程为2m的地面上筑6m高的平台,中间有一同坡曲面与地面连接,已知各坡面坡度,完成标高投影图(比例1:200)。

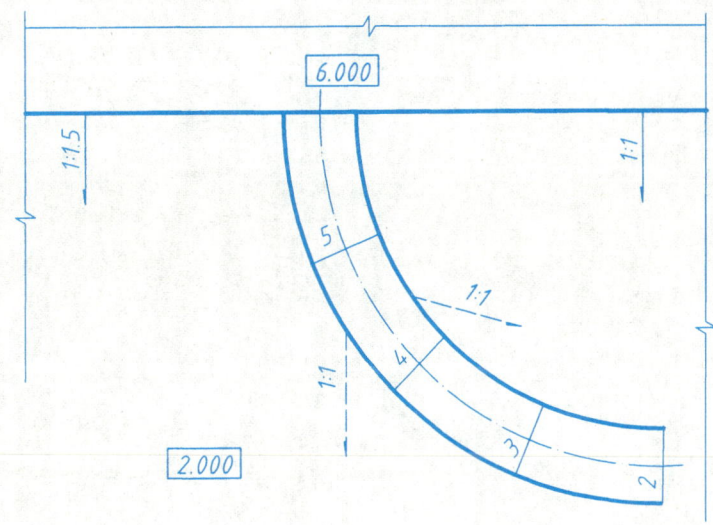

8-3 地形面上建筑物的标高投影

| 班级 | 姓名 | 学号 |

1. 在地形面上修一高程为38m的平台，填方边坡均为1:1.5，完成其标高投影图。

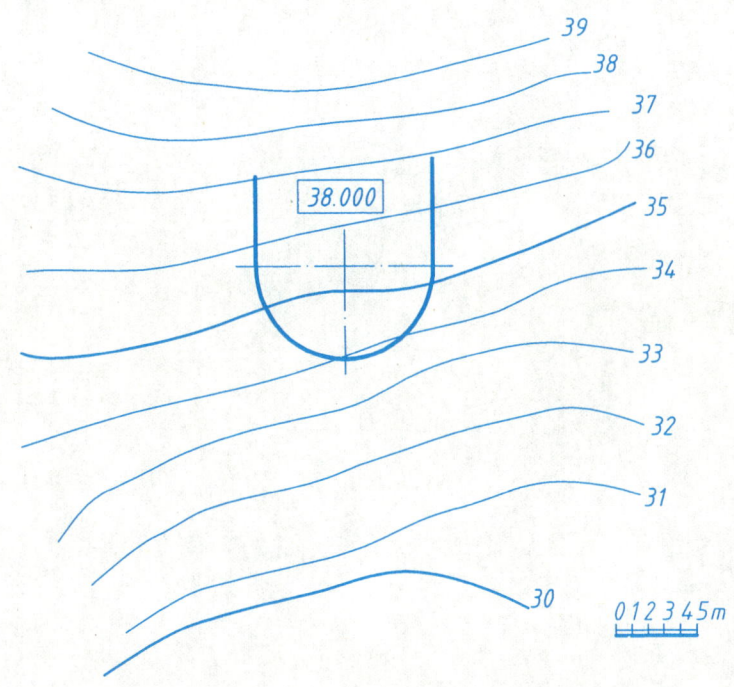

2. 在地形面上修筑一高程为50m的平台，平台的挖方边坡为1:1，填方边坡为1:1.2，完成其标高投影图(比例1:300)。

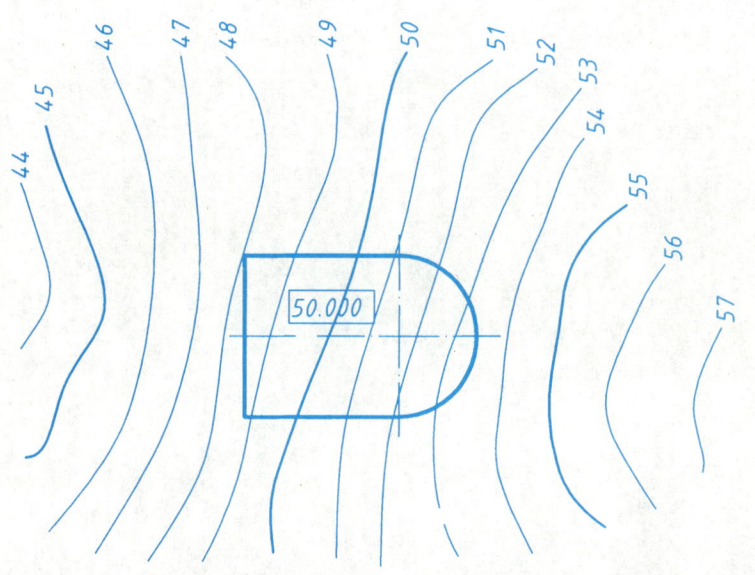

3. 已知平台高程为63m，挖方边坡均为1:1.2，完成其标高投影(比例1:400)。

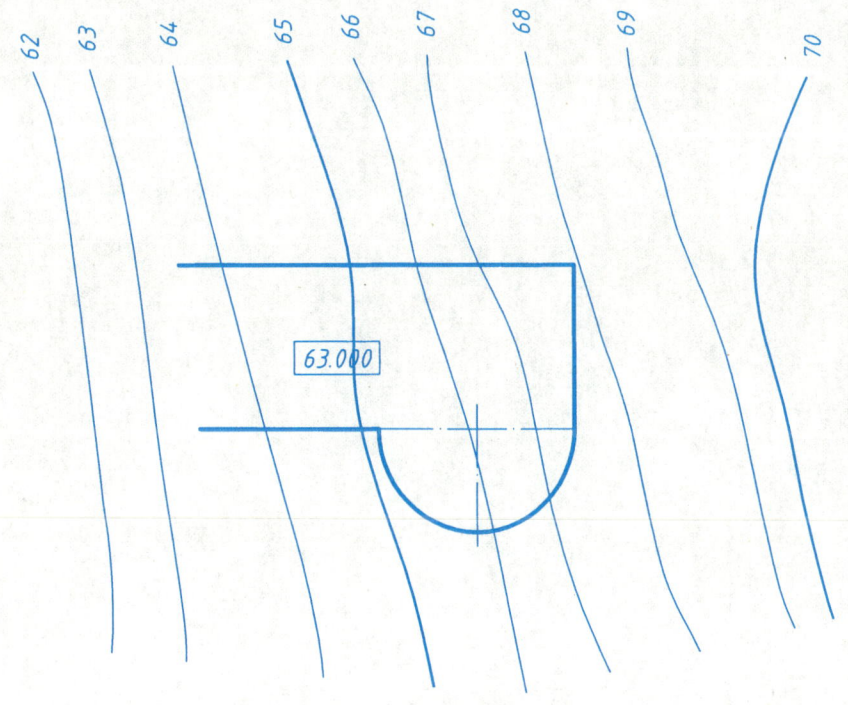

4. 在地形面上修筑一斜坡弯道，弯道顶面如图所示，两侧为同坡曲面，其挖方边坡为1:1，填方边坡为1:1.5，完成其标高投影图。

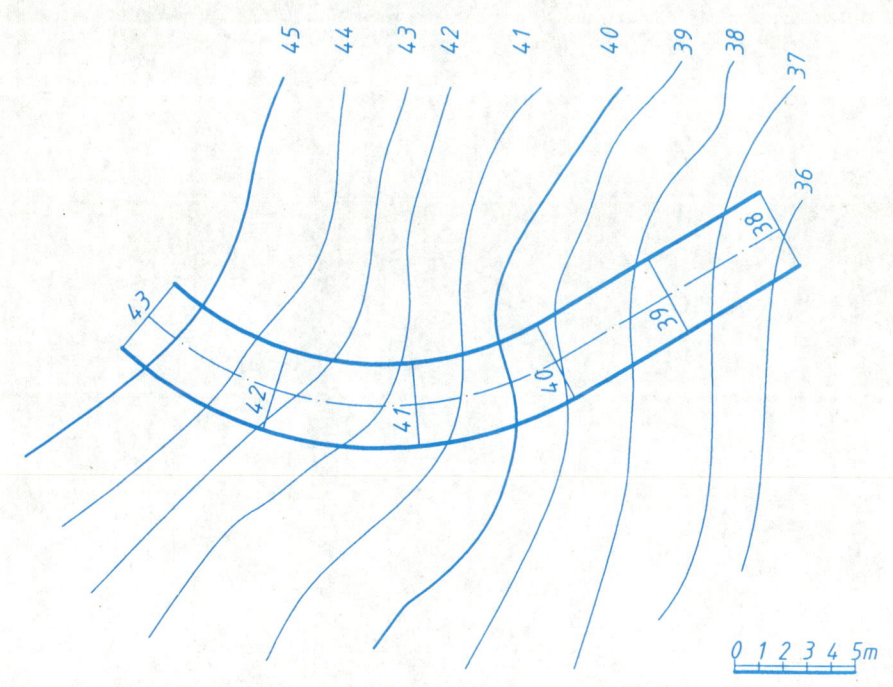

8-4 地形断面图

1. 已知 AB 为一埋设管道的标高投影，试用实线和虚线分别表示露出地面和埋入地下的部分（比例 1:250）。

2. 在地形面上修建道路，路面高程为 40m，挖方边坡为 1:1，填方边坡为 1:1.5，用地形断面法完成其标高投影图（比例 1:500）。

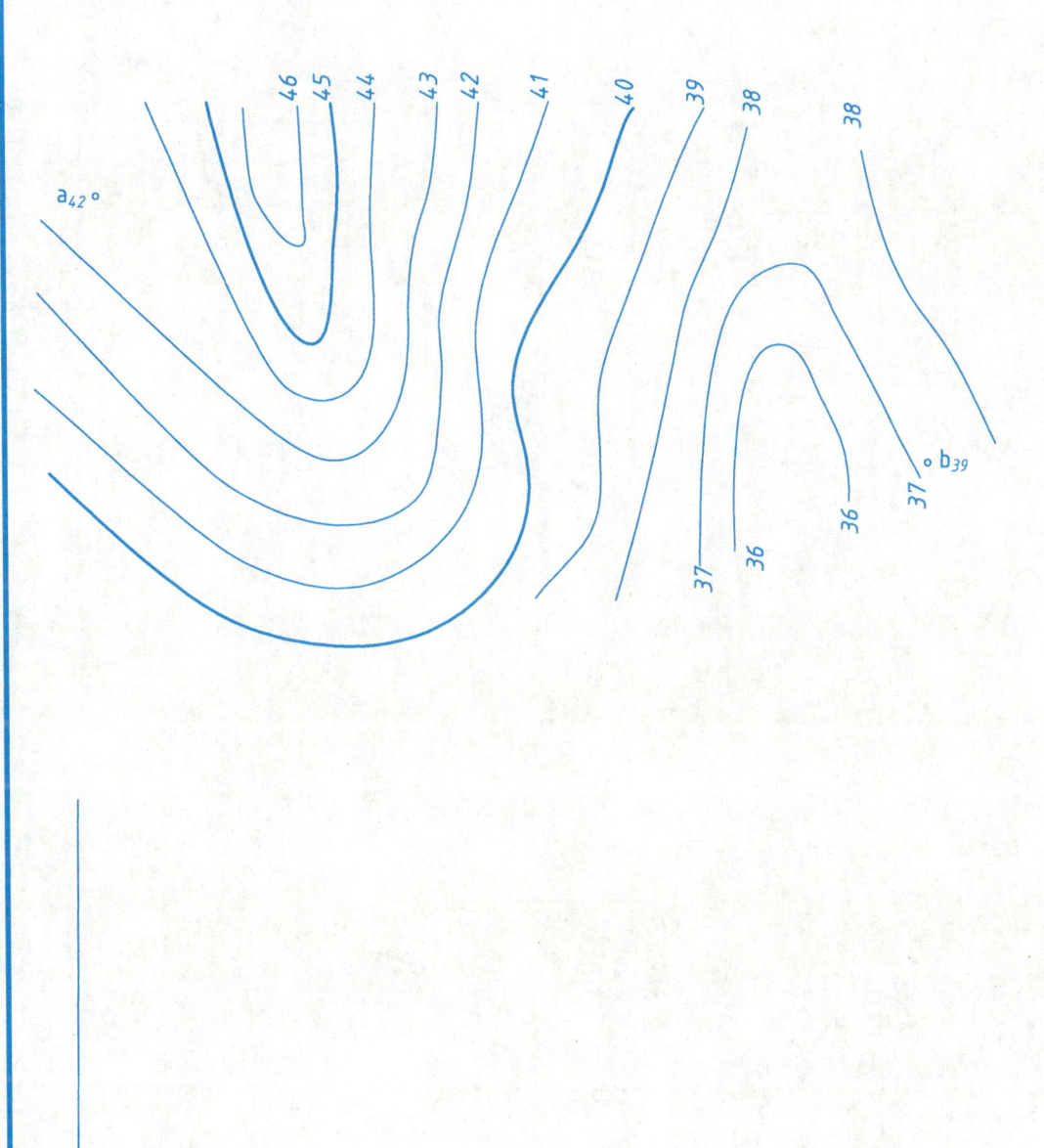

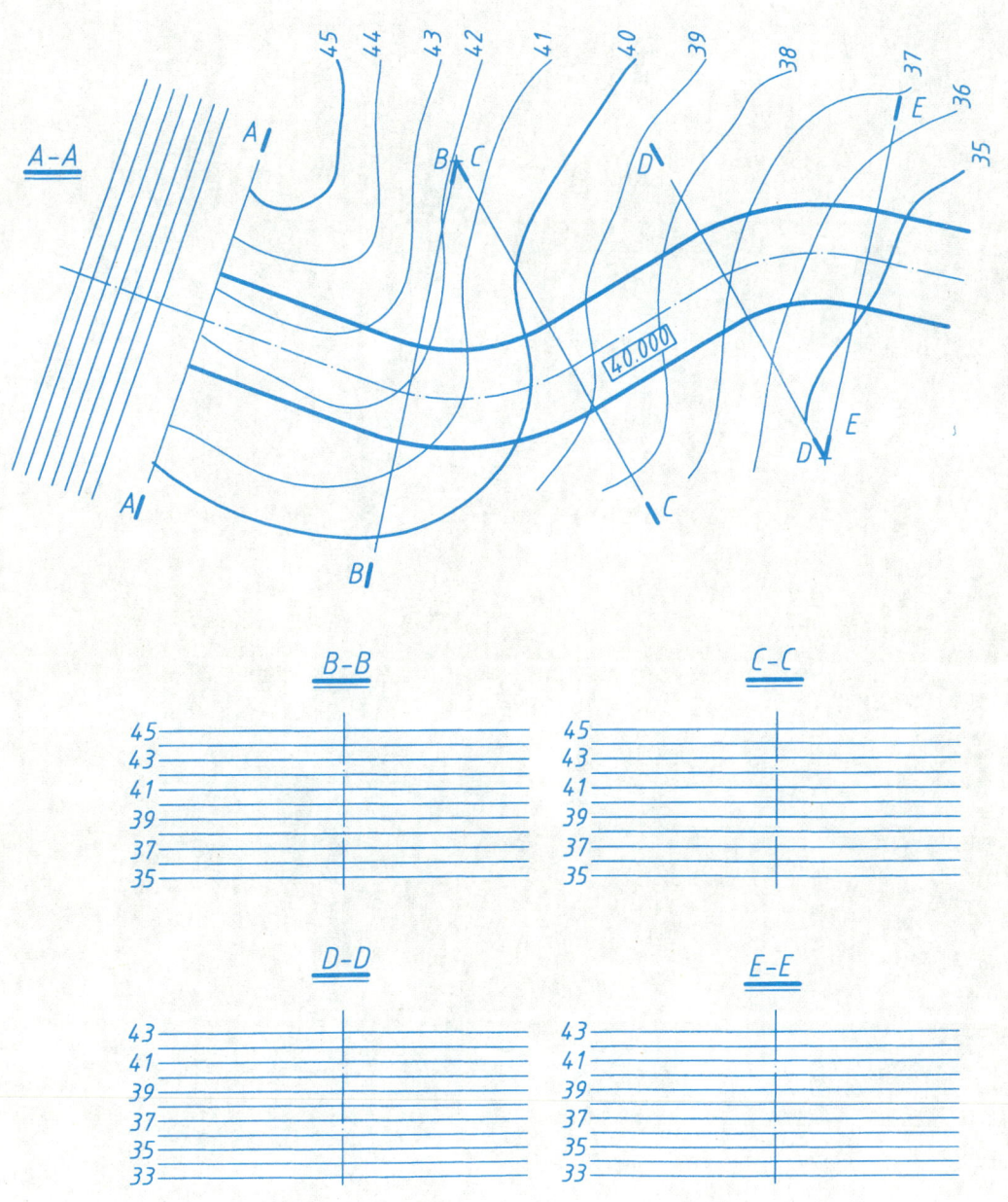

第九章 道路工程图

9-1 路线平面图 班级　姓名　学号

要求：读懂路线平面图，并回答问题。

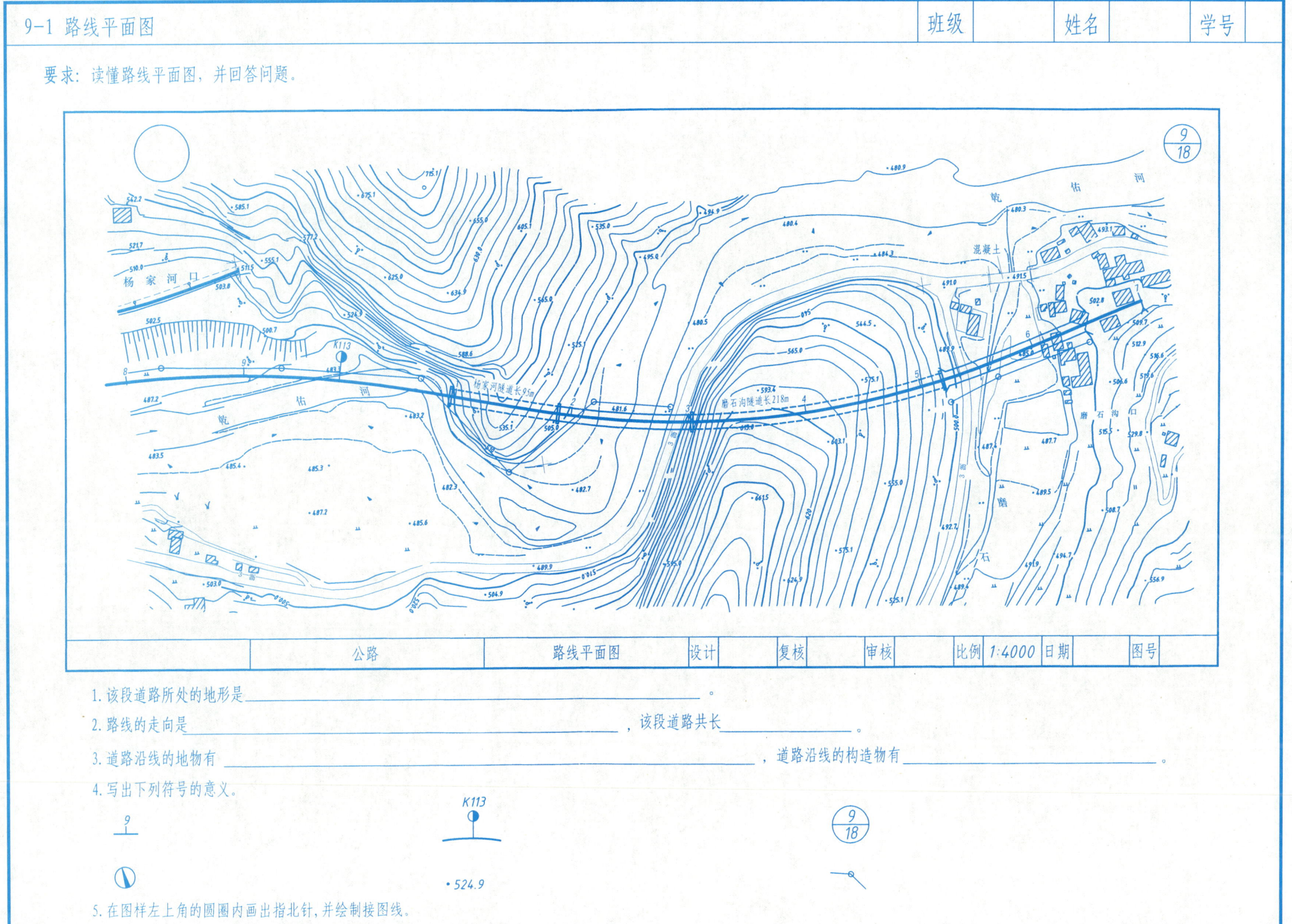

| 公路 | 路线平面图 | 设计 | 复核 | 审核 | 比例 1:4000 | 日期 | 图号 |

1. 该段道路所处的地形是＿＿＿＿＿＿＿＿＿＿＿＿＿＿＿＿＿＿＿＿＿＿＿＿＿＿＿＿。
2. 路线的走向是＿＿＿＿＿＿＿＿＿＿＿＿＿＿＿＿＿＿，该段道路共长＿＿＿＿＿＿＿。
3. 道路沿线的地物有＿＿＿＿＿＿＿＿＿＿＿＿＿＿＿＿＿＿＿，道路沿线的构造物有＿＿＿＿＿＿＿＿＿＿＿。
4. 写出下列符号的意义。

5. 在图样左上角的圆圈内画出指北针，并绘制接图线。

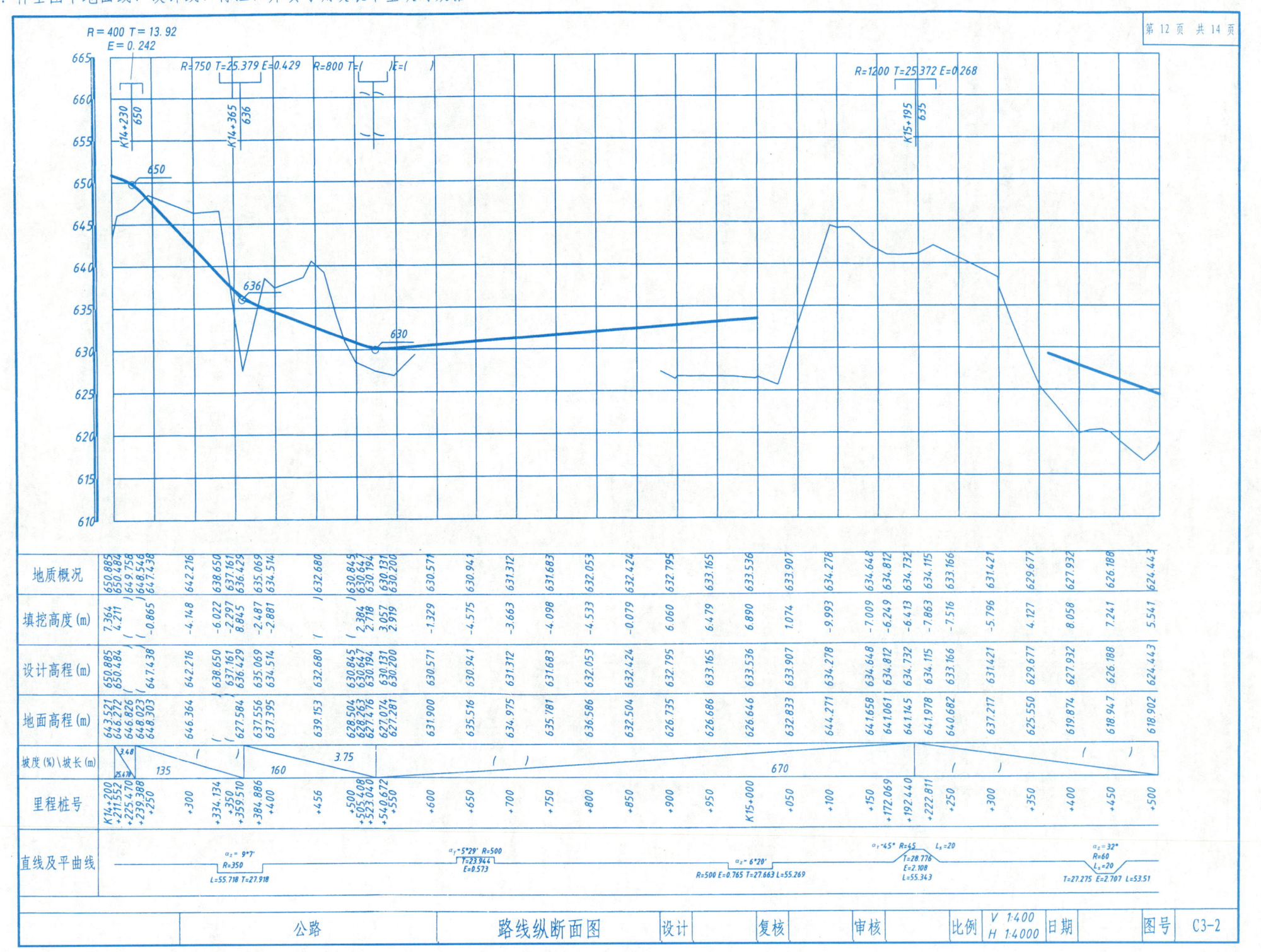

| 9-3 路线纵断面图 | 班级 | 姓名 | 学号 |

要求：读9-2路线纵断面图，并回答问题。

1. 解释下面各符号的意义，其中（1）、（2）题画图示意表示各要素位置和大小。

（1）
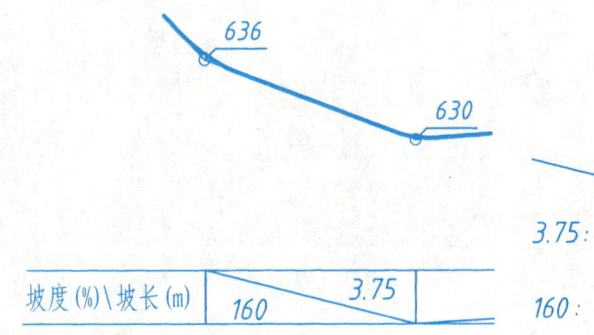

R：
T：
E：
14+365
636：

（2）测设表中：

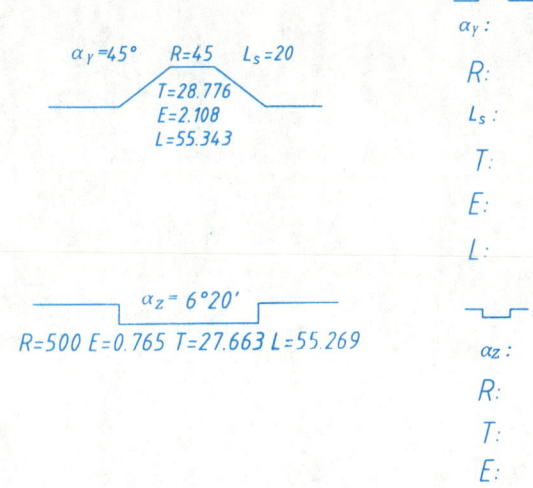

（3）测设表中：

$\alpha_Y = 45°$ R=45 $L_s=20$
T=28.776
E=2.108
L=55.343

$\alpha_Z = 6°20'$
R=500 E=0.765 T=27.663 L=55.269

α_Y：
R：
L_s：
T：
E：
L：

α_Z：
R：
T：
E：

2. 选择正确的答案填空。

（1） R=750 T=25.379 E=0.429
     14+365 / 636

路线在变坡点处的高程是（ ）。

a. 636.000m   b. 636.429m

c. 635.571m   d. 14+365

（2） R=1200 T=25.372 E=0.268
     15+195 / 635

路线在变坡点处的设计高程是（ ）。

a. 635.000m   b. 635.268m

c. 634.732m   d. 15+195 m

（3）测设表中的"坡长"数值是指（ ）。

a. 两变坡点的空间实长   b. 两变坡的高度差值

c. 两变坡点的水平投影长度 d. 均可能

3. 已知平面线形，定性绘制K14+300—14+500段的道路中心线的空间形状（比例：水平向1:2000，垂直向1:200）。

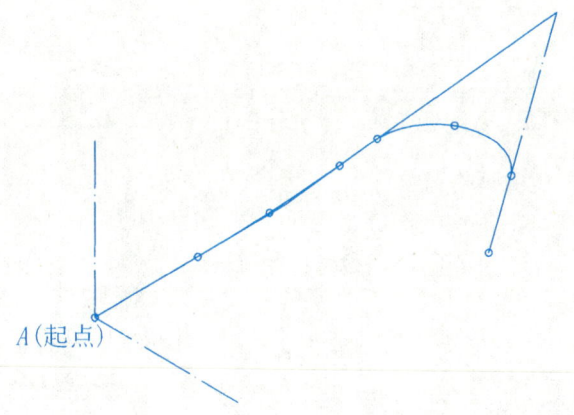

A（起点）

第十章 桥梁、隧道工程图

10-1 钢筋混凝土结构图

要求：1.读图，补画2-2、3-3断面图，并补全钢筋表。

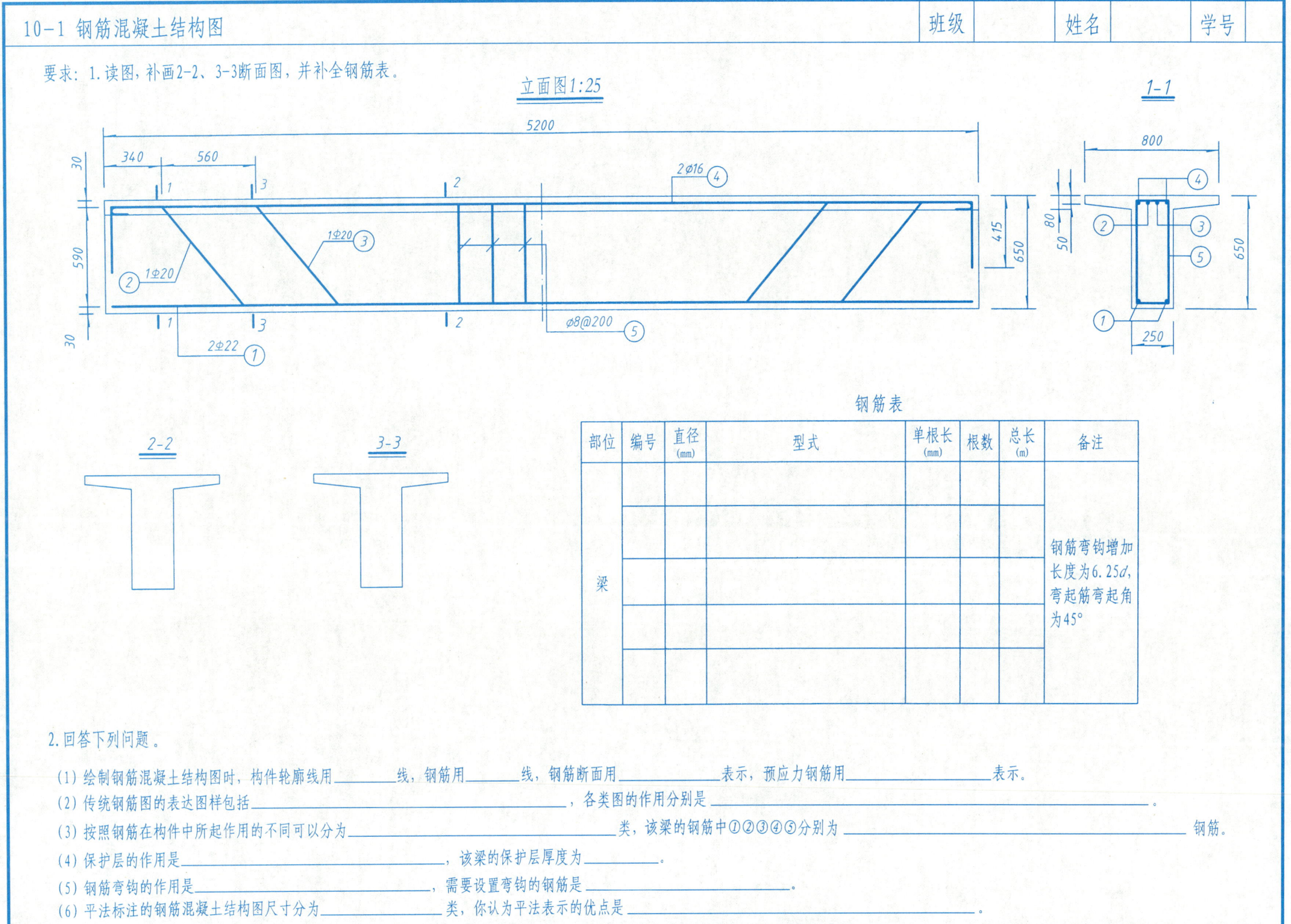

2.回答下列问题。

(1) 绘制钢筋混凝土结构图时，构件轮廓线用_____线，钢筋用_____线，钢筋断面用_____表示，预应力钢筋用_____表示。

(2) 传统钢筋图的表达图样包括_____，各类图的作用分别是_____。

(3) 按照钢筋在构件中所起作用的不同可以分为_____类，该梁的钢筋中①②③④⑤分别为_____钢筋。

(4) 保护层的作用是_____，该梁的保护层厚度为_____。

(5) 钢筋弯钩的作用是_____，需要设置弯钩的钢筋是_____。

(6) 平法标注的钢筋混凝土结构图尺寸分为_____类，你认为平法表示的优点是_____。

10-2 桥梁工程图(一) 班级　　姓名　　学号

要求：读图并回答问题。

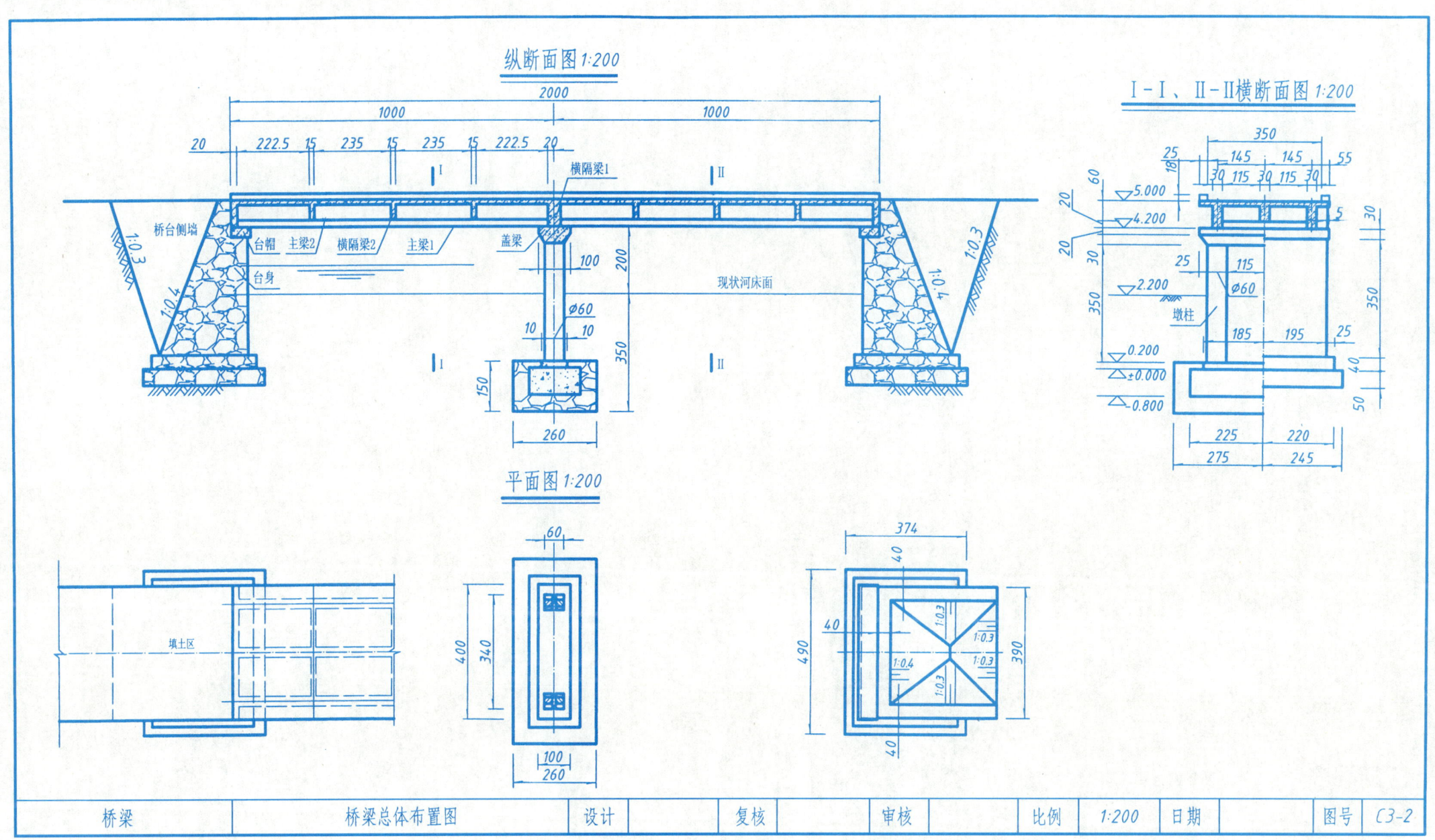

1. 该桥梁为_____结构形式。全长_____m，分为_____跨，每跨跨径_____m。桥面板采用_____结构。
2. 该桥梁的上部结构包括_____等组成部分，下部结构包括_____等组成部分，其结构形式分别为_____。
3. 该图中采用的特殊表达方法包括_____等。
4. 一套完整的桥梁工程图应包括_____等。

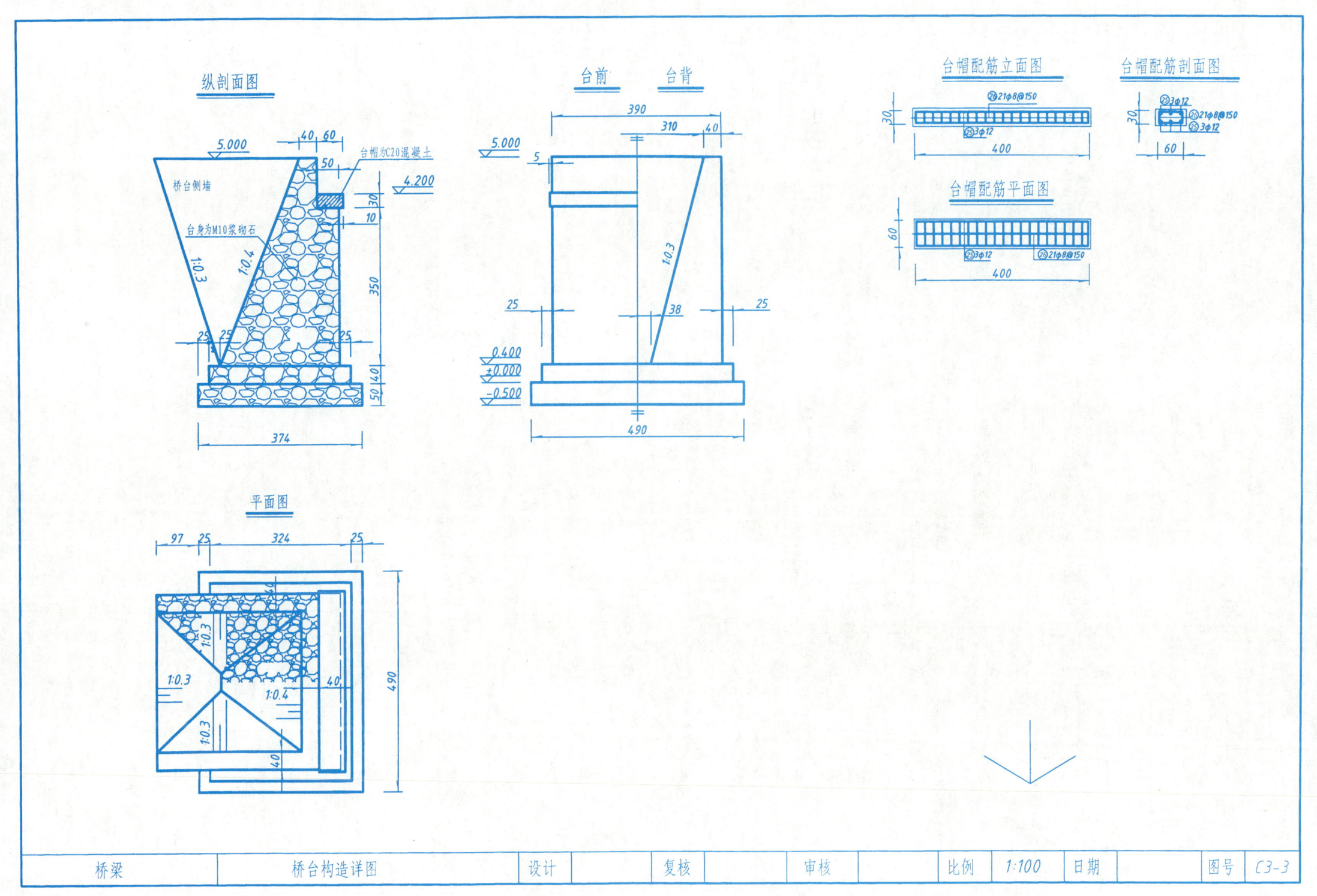

第十一章 涵洞工程图

11-1 仔细阅读下列涵洞工程图，按要求完成作图

抄绘图形，并补画Ⅱ-Ⅱ。

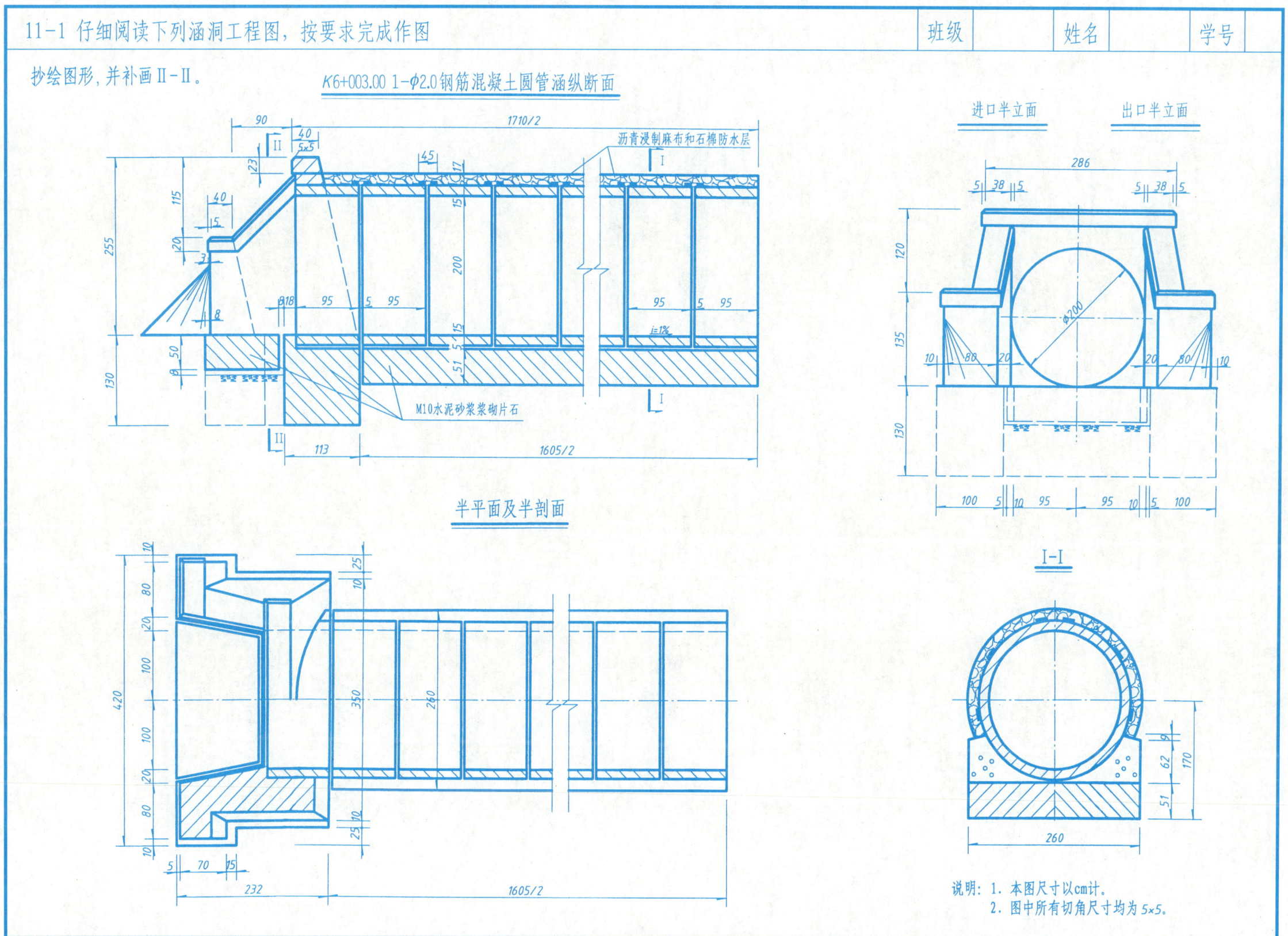

说明：1. 本图尺寸以cm计。
2. 图中所有切角尺寸均为5×5。

11-2 仔细阅读 11-1 涵洞工程图，按要求完成作图 | 班级 | 姓名 | 学号

1. 回答下列问题。

(1) K 6+003.00 表示 _____ ；1-φ2.0 表示 _____ 。

(2) 图中用到的特殊表达方法有 _____ 。

(3) 涵洞进口采用的是 _____ 形式，其主要组成部分包括 _____
_____ 。

(4) 涵洞总长是 _____，总宽是 _____，总高是 _____ 。

(5) 涵洞常见的横断面形式有 _____ 。

(6) 涵洞各组成部分的材料有 _____ 。

2. 在指定位置绘制 II-II 剖面图。

3. 在指定位置分段绘制涵洞进出段、洞身段的轴测剖面图（可以徒手勾画，图中注明各组成部分的名称）。

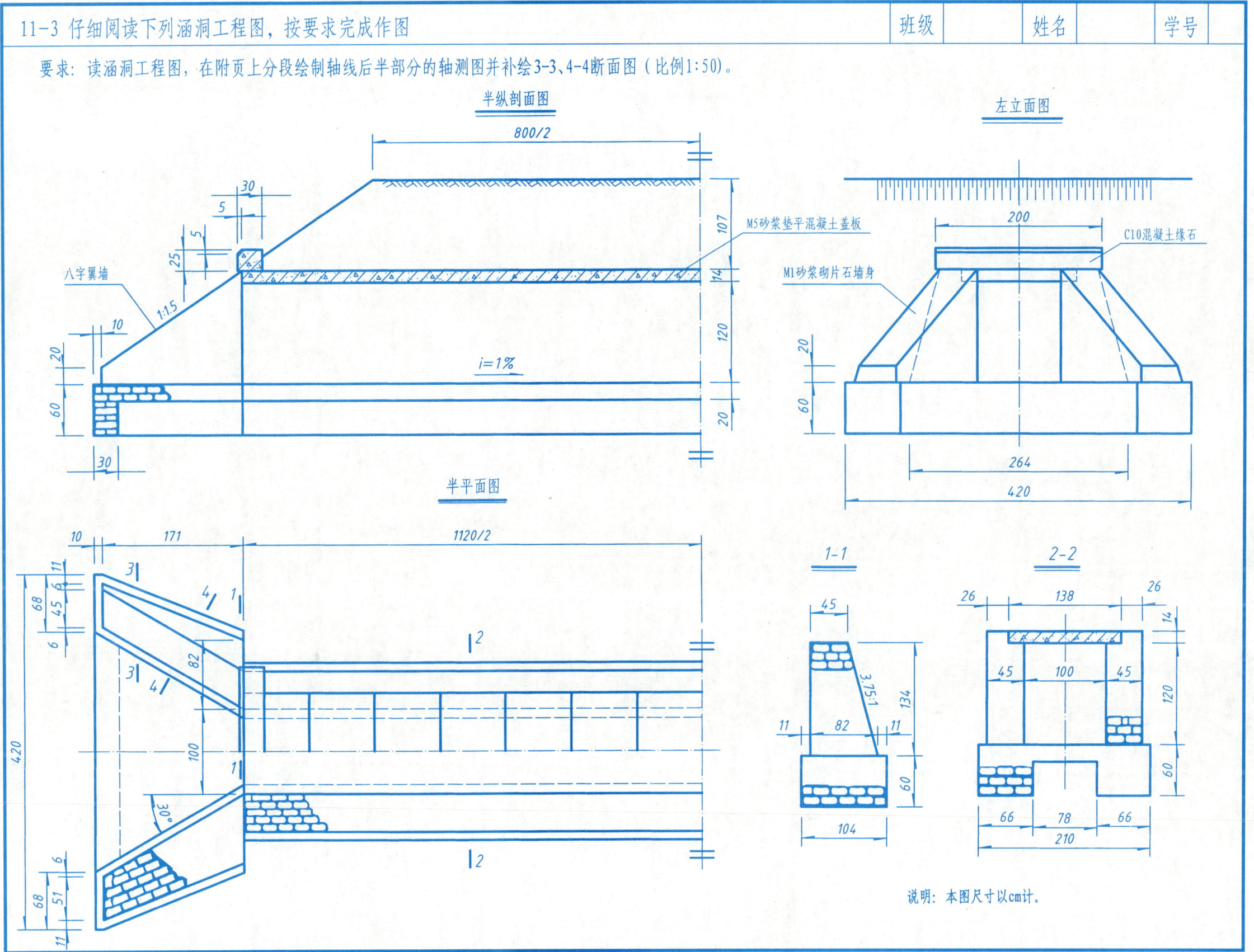

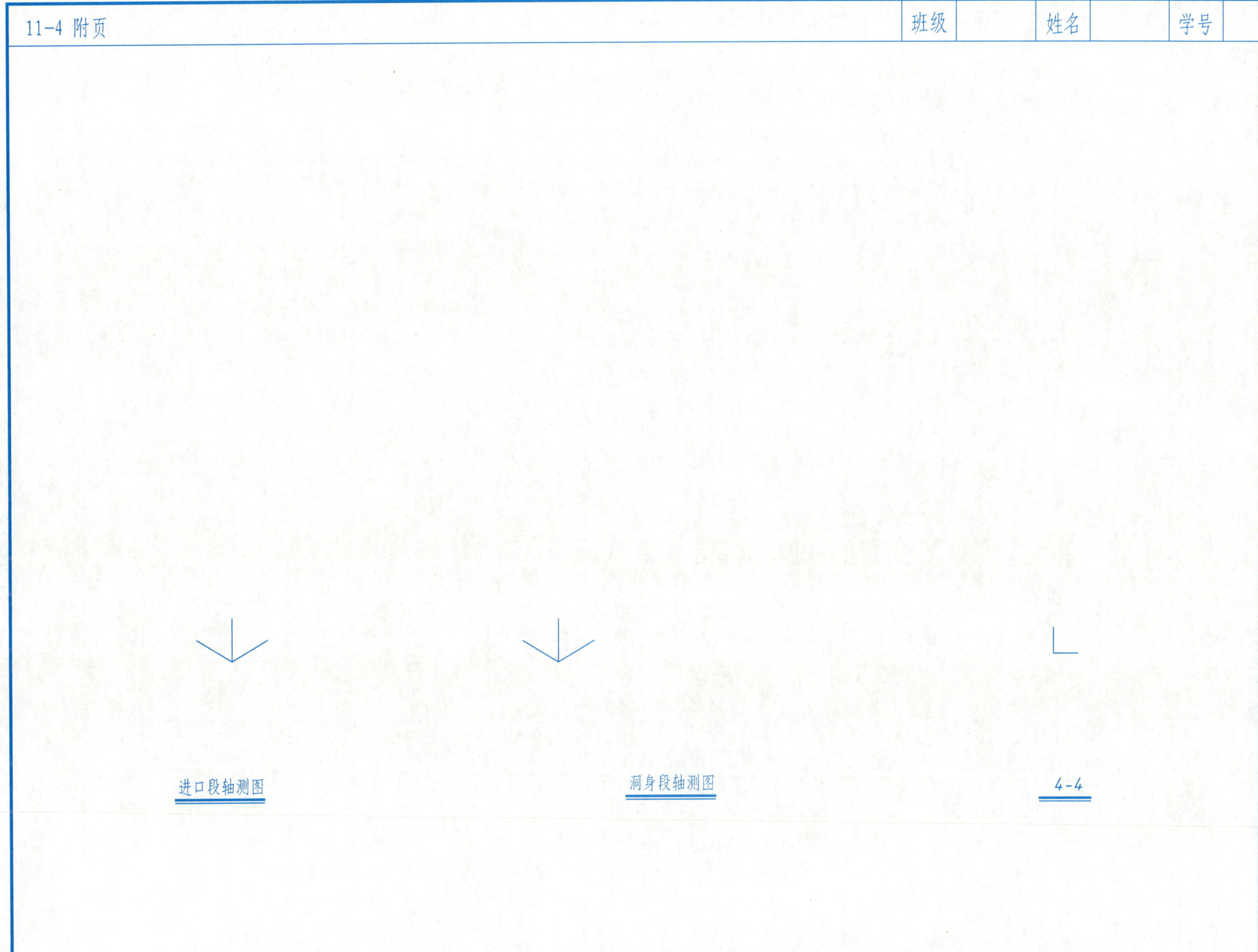

进口段轴测图　　　　　洞身段轴测图　　　　　4-4

第十二章 房屋建筑图

12-1 读建筑施工图，按要求完成下列各题

班级　　　姓名　　　学号

1. (1) 填写平面图中的轴线编号。
   (2) 标注尺寸（按比例1:100从图中量取）。
   (3) 标注室内外标高（室外地面比室内低300mm）。

2. 根据已知的平面图，用标准规定的线型描绘出房屋的立面图，并填写定位轴线编号。

3. 根据已知的平面图和正立面图，绘制出房屋的背立面图。

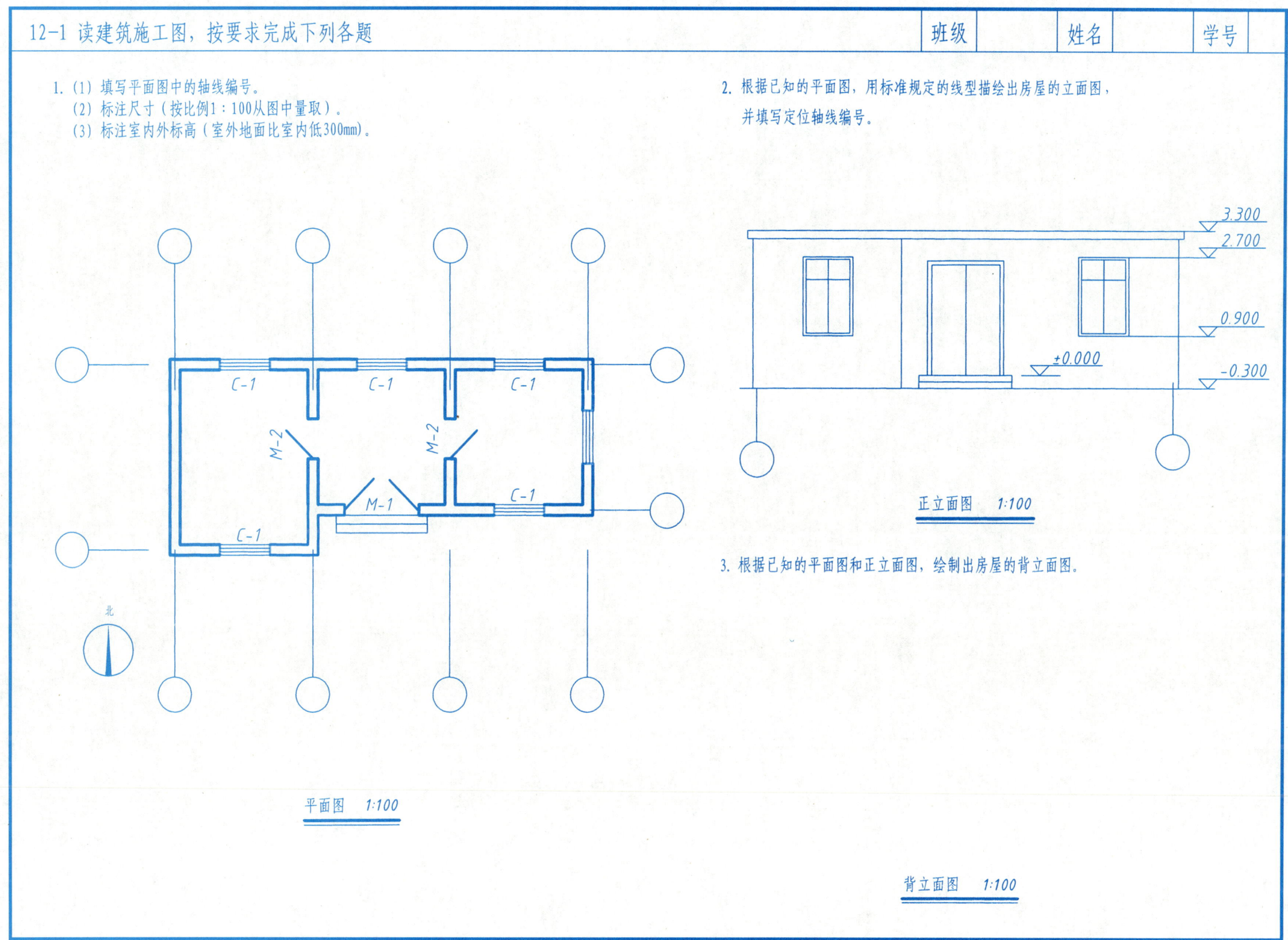

参 考 文 献

[1] 交通部. GB 50162—92 道路工程制图标准. 北京：中国计划出版社，1996.
[2] 汪恺. 技术制图国家标准宣贯教材. 北京：中国水利水电出版社，2004.
[3] 曾令宜. 工程制图. 北京：中国水利水电出版社，2004.
[4] 和丕壮，等. 交通土建工程制图. 北京：人民交通出版社，2001.